Ingrid Schütte · Werner Schütte

Minden und seine Straßenbahn

Verlag Uhle & Kleimann

Titelbild: Lange Jahre prägte die meterspurige „Elektrische" das Bild des Marktplatzes in Minden. Foto: M. Heyneck

ISBN 3-922657-47-8

 Satz und Druck: Uhle & Kleimann, Lübbecke. Layout: die Autoren.

Inhalt

Grußwort

Heute vergeht kaum eine Woche, in der nicht die Medien in irgendeiner Form das Thema „Öffentlicher Personennahverkehr" aufgreifen. Von ÖPNV wird da meist gesprochen und geschrieben, und es wird unterstellt, daß diese Abkürzung hinreichend bekannt ist. Der eine bedauert, daß die Fahrgastzahlen seit vielen Jahren kontinuierlich abnehmen und die Defizite entsprechend steigen, ein anderer fordert Vorrang für den ÖPNV gegenüber dem Individualverkehr und ein Dritter spricht von Verkehrsverbund und Stärkung der Attraktivität des Nahverkehrs.

Eines ist allen gemeinsam: Es wird als Selbstverständlichkeit angesehen, daß überall in unserem Lande Busse, Straßenbahnen, U- und S-Bahnen ein funktionsfähiges System des öffentlichen Personennahverkehrs bieten. Und kaum jemand verschwendet einen Gedanken daran, daß dies alles kaum 100 Jahre alt ist oder daß der ländliche Raum erst dann erschlossen wurde, als Mitte der 20er Jahre leistungsfähige Omnibusse verfügbar waren.

So gesehen ist es ein Stück Verkehrsgeschichte, das im vorliegenden Band am Beispiel unseres Heimatraumes vorgestellt wird. Den Verfassern gebührt Dank für die intensiven Nachforschungen, die in diesem Buch ihren Niederschlag gefunden haben.

Ich bin sicher, daß sie damit vielen Freunden der Heimatgeschichte eine interessante Lektüre bieten.

(Heinz Röthemeier)
Bürgermeister der Stadt Minden

Vorwort

Ende 1984 waren es 25 Jahre her, seit in Minden zum letzten Male eine Straßenbahn fuhr. Eine Entwicklung, die in den 80er Jahren des vorigen Jahrhunderts begonnen hatte und den Bürgern ein schienengebundenes öffentliches Verkehrsmittel zur Verfügung stellte, fand damit ihren Abschluß.

Die „Elektrische", wie die Straßenbahn in Minden genannt wurde, hat auch heute noch viele Freunde. Zahlreiche Mitbürger erinnern sich noch gut an die Ausflugsfahrten nach Porta, an das Gedränge in den schmalen Gassen, der Bäcker-, Hohn-, Obermarkt- und Simeonstraße, sowie das Grün der baumbestandenen, kaum befahrenen Fahrbahnseiten. Wie hat sich das Bild in den letzten Jahren gewandelt! Nicht nur in der Innenstadt, sondern auch auf dem Wege nach Porta, Dützen und Meißen sowie zum Nordfriedhof.

Dieses Buch zeigt, wie es früher war, und dokumentiert die Geschichte der Straßenbahn als Teil der allgemeinen Verkehrsgeschichte und -entwicklung; gerade auch deshalb, weil es durchaus nicht selbstverständlich war, daß eine Stadt von der Größe Mindens ein solches Verkehrsmittel besaß. So bildet denn die Entwicklung des schienengebundenen öffentlichen Nahverkehrs in Minden von Pferdebahnprojekten über die dampfbetriebene bis hin zur elektrischen Straßenbahn den Mittelpunkt des vorliegenden Bandes.

Zusammen mit den von uns verfaßten und im selben Verlag erschienenen »Mindener Kreisbahnen« (1979; z. Z. vergriffen, Neuauflage vorgesehen) sowie dem »Eilser Minchen – Geschichte der Bad Eilsener Kleinbahn« (1982) ist nunmehr die Geschichte des Schienenverkehrs im Mindener Raum umfassend dargestellt – soweit es sich um „private", d. h. nicht der höchsten staatlichen Ebene zugehörige Betreiber (Preußische Staatsbahn, Reichs- und Bundesbahn) handelt.

Wir danken dem Verlag Uhle & Kleimann und allen, die uns bei der Entstehung dieses Buches freundlich unterstützt haben; insbesondere dem Elektrizitätswerk Minden-Ravensberg, das uns sein Archiv zur Verfügung stellte.

Minden, im Mai 1985 *I. Schütte* *W. Schütte*

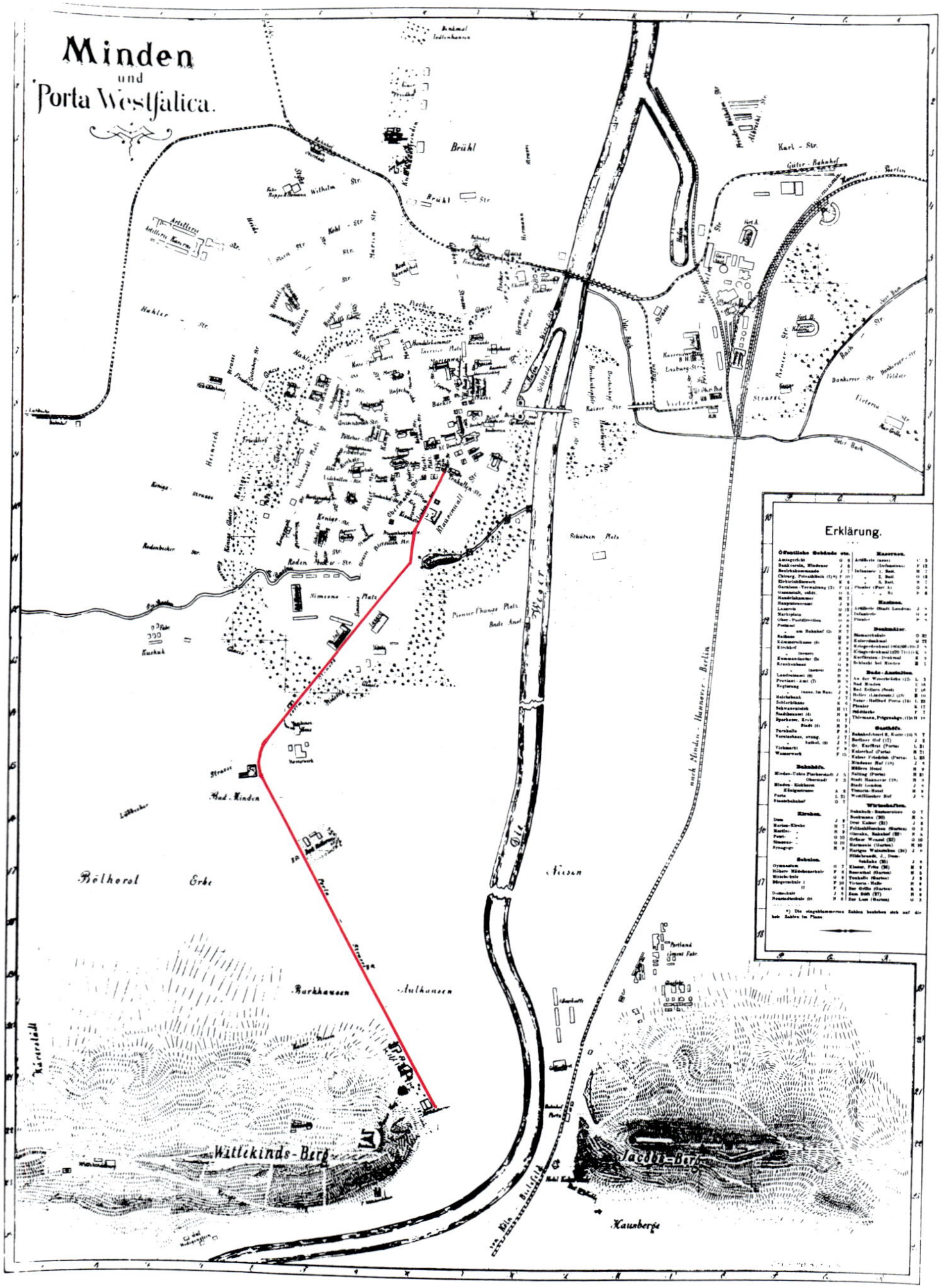

Die Karte (um 1910) zeigt den Verlauf der Dampfstraßenbahn von der „Tonhalle" Minden bis nach Porta.

Deutlich zu erkennen sind außerdem die Preußische Staatsbahnlinie von Köln nach Berlin sowie die Linien der Mindener Kreisbahnen nach Uchte und Lübbecke. Das spätere Wahrzeichen Mindens – das Wasserstraßenkreuz – ist noch nicht vorhanden.

Kommunalarchiv Minden

Während das Kaiser-Wilhelm-Denkmal noch im Bau ist, fährt die Dampfstraßenbahn schon ab 1893 nach Minden.

Kommunalarchiv Minden

Einleitung: Eine Straßenbahn zum Kaiser-Wilhelm-Denkmal

„Am Sonntag gehen wir in den Berg", verkündeten die alten Mindener und machten sich am Wochenende mit Kind und Kegel auf den Weg nach Porta. Sich hier zum Kaffeetrinken einzufinden war eine vielgeliebte Familientradition, die Jahrzehnte überdauerte und ihren Höhepunkt während der Straßenbahnära erlebte. In Minden kaufte man sich am Markt Kuchen und nahm das Proviantpaket mit auf die Fahrt zur Porta Westfalica oder ging an der Endstation der „Elektrischen" in einen der Barkhauser Café-Gärten.

Oben auf dem Wiehengebirge lockte anschließend das Kaiser-Wilhelm-Denkmal zum Aufstieg und großzügigen Blick auf die Niederung. Hier oben erhebt seit 1896 der bronzene Herrscher vergangener Zeiten majestätisch seine Rechte über dem Mindener Land.

Dieses Denkmal gab den entscheidenden Anstoß zu Überlegungen, eine Straßenbahn-Verbindung von Minden nach Porta herzustellen. Man erwartete einen gewaltigen Besucherandrang zu der patriotischen Stätte nicht nur aus der näheren Umgebung Mindens, sondern mindestens auch aus der Provinz Westfalen, wenn nicht gar aus dem gesamten norddeutschen Reichsgebiet. Deswegen schien

es angebracht, ein geeignetes Transportmittel von der wichtigen (D-Zug-)Bahnstation Minden aus zur Verfügung zu stellen (Der Bahnhof Porta war lediglich Personenzug-Halt).

Ein Blick in die Entstehungsgeschichte des Kaiser-Wilhelm-Denkmals soll helfen, die großen Besuchererwartungen im Mindener Land zu verstehen. Nachdem Kaiser Wilhelm I. 1888 gestorben war, kam in vielen Städten der Gedanke auf, dem ersten Herrscher des 1871 neu gegründeten Deutschen Reiches ein Denkmal zu setzen. Der Kaiser, gleichzeitig König von Preußen, galt als Symbol der endlich erreichten deutschen Einigung, die im Reich ihren staatlichen Ausdruck fand.

Auf „hervorragender Bergeshöh"

In der Dortmunder Stadtverordnetenversammlung kam nun der bemerkenswerte Gedanke auf, statt vieler kleinerer Denkmäler an einzelnen Orten ein repräsentatives für die gesamte preußische Provinz Westfalen „auf einer geschichtlich denkwürdigen und landschaftlich hervorragenden Bergeshöhe herzustellen" (Verwaltungsbericht des Magistrats der Stadt Minden für 1888/89). Die Dortmunder wiesen auf die Porta Westfalica hin, was in Minden natürlich lebhaften Beifall fand.

Nach heftigem Kampf in den zuständigen politischen Gremien entschied sich der Provinziallandtag am 15. März 1889 mit 43 gegen 36 Stimmen für die Porta Westfalica als Standort des Denkmals und damit gegen einen Höhepunkt der Ruhrberge. Nachfolgender Auszug aus der Begründung für die Wahl der Porta macht die heute schwer erträgliche Deutschtümelei jener Jahre deutlich, ohne die der Bau des Denkmals nicht zustandegekommen wäre und die den Zeitgenossen als Patriotismus galt:

„In der That dürfte sich keine Stelle für diesen Zweck vaterländischer Erinnerung so hervorragend eignen, als gerade die alte Weserscharte. Wo der Hauptstrom im Nordwesten des Reiches - deutsch von der Quelle bis zur Mündung - das Gebirge durchbrechend sich der Tiefebene zuwendet und nebenher auf dem Schienenwege einer Weltstraße der Verkehr nach und von der Reichshauptstadt vermittelt wird, wo das mächtige Felsenthor sich erhebt mit seinen landschaftlichen Schönheiten, zugleich aber auch voll gewaltiger geschichtlicher Erinnerungen, auf der Höhe der westfälischen Pforte, weit hinausschauend in die Lande, sichtbar dem Reisenden und den Schritten des Wanderers leicht erreichbar, dort ist gewiß die geeignete Stelle, um dem ersten Kaiser des wiedererstandenen, durch ihn geeinten deutschen Reiches ein bleibendes Denkmal zu errichten als Wahrzeichen der Dankbarkeit des deutschen Volkes und für spätere Zeiten zur bleibenden Erinnerung an eine ruhmreiche Vergangenheit." (1)

Nach einem Wettbewerb begannen die Bauarbeiten für das Denkmal im Herbst 1892, im Oktober 1896 war es fertiggestellt. Und seit 1893 bereits fährt eine mit Dampflokomotiven betriebene Straßenbahn zwischen Minden und Porta.

---

(1) Dieses und alle folgenden Zitate werden in der Orthographie und Zeichensetzung der Originaltexte wiedergegeben.

1. Kapitel: Die Dampfstraßenbahn von Minden nach Porta (1893–1920)

a) Von Pferdeomnibussen, Pferdebahnen, Dampf- und elektrischen Straßenbahnen – die Entwicklung des öffentlichen Nahverkehrs

Es ist ein weiter Weg, den die öffentliche Personenbeförderung im kommunalen Bereich bis zur Großraum-Straßenbahn und den Gelenk-Omnibussen unserer Tage zurückgelegt hat; auch die Dampfstraßenbahn, wie sie zunächst in Minden bestand, stellte damals schon einen gewaltigen Fortschritt dar.

Sänften
Seit Ende des 17. Jahrhunderts kennt man Sänften zur öffentlichen Benutzung, entsprechende Gesellschaften bestanden bis Mitte des 19. Jahrhunderts. Diese Sänften sind bis ca. 1820 das einzige öffentliche Verkehrsmittel in den Kommunen. Hinzu kommen dann in einigen Städten Pferdedroschken, das sind in der Regel zweisitzige Kutschen.

Pferdeomnibus
Je weiter die Industrialisierung und damit die Konzentration der Bevölkerung in (Groß-)Städten und Ballungsgebieten voranschreiten, desto mehr wachsen die Verkehrsbedürfnisse, auf die der Pferdeomnibus in der Mitte des vergangenen Jahrhunderts die Antwort ist. Dieser Omnibus (lateinisch: für alle) ist eine Kutsche mit geschlossenem, kastenförmigem Aufbau, der durch entsprechende Bauweise bis zu zwölf Personen Platz bietet, bei doppelstöckiger Ausführung sogar die doppelte Anzahl von Fahrgästen fassen kann.

Pferdeeisenbahn
Eine bedeutsame Verbesserung im Nahverkehr bringt dann die Pferdeeisenbahn, die ab 1865 in Deutschland verkehrt. Nach Berlin betreiben ab 1866 Hamburg, ab 1872 Dresden, Leipzig, Frankfurt am Main und Hannover eine solche Bahn (1850 New York, 1854 Paris). Ihr großes Plus ist der geringere Rollwiderstand der Räder auf Schienen im Vergleich zu den Straßen, was eine Erhöhung der Geschwindigkeit oder eine größere Zugmasse ermöglicht. Doch auch die Pferdeeisenbahnen hatten ihre Grenzen: Maximal konnten ca. 50 Fahrgäste in einem solchen Wagen befördert werden, der ein hohes Gewicht hatte. Er war deswegen langsam und insbesondere bei Steigungen kaum zu bewegen, um nur einige Schwierigkeiten zu nennen. Die immer weiter wachsenden Städte des Industriezeitalters mit ihrem Massenverkehr brauchten ein anderes, zeitgemäßes Verkehrssystem.

Dampfstraßenbahn
Es bot sich an, auf die Erfahrungen der Eisenbahn zurückzugreifen, und so führt die Suche nach einem sowohl billigen als auch leistungsfähigen Antrieb zur Dampfstraßenbahn. Ab 1880 (Berlin) ist sie ziemlich verbreitet trotz der bekannten Nachteile: Geruchs-, Schmutz- und Lärmbelästigungen durch die Dampflokomotiven in den Städten.

Elektrische Straßenbahn
Die Entwicklung geht dann schließlich zur elektrischen Straßenbahn, nachdem man lange Zeit nach einem geeigneten System der Stromabnahme gesucht hatte. Bahnen mit eindrähtiger Fahrleitung und Stromrückführung über die Fahrschienen werden 1884 in Frankfurt am Main, 1891 in Halle, 1895/96 in Berlin und 1896 in Leipzig eingerichtet.

Halten wir fest: Straßenbahnen als innerstädtische Massenverkehrsmittel werden im allgemeinen dort gebaut, wo ein entsprechendes Transportbedürfnis besteht, insbesondere in Ballungsgebieten und größeren Städten. In Minden dagegen, einer eher beschaulichen Stadt mittlerer Größe, ist die Straßenbahn zunächst keine Verkehrsverbindung innerhalb des Ortes, sondern sie soll vornehmlich dem Fremdenverkehr zwischen Minden und Porta dienen.

b) Dampfstraßenbahn in Minden als erste nach dem Kleinbahngesetz

In der Tat erweist sich das Kaiser-Wilhelm-Denkmal auf dem Wiehengebirge als die erwartete vaterländische Attraktion, und die Besucher strömen schon Jahre vor der Einweihung zur Baustelle. Aber Porta ist seit langem ein Ausflugsziel für die Mindener gewesen. Gemächlich schlenderte man durch die Weserwiesen gen Süden oder ging strammen Schrittes auf der Chaussee zum Berg, so daß an den Wochenenden ein reger Betrieb in Barkhausen herrschte. Pferdeomnibusse, die an Wochentagen kaum besetzt waren, konnten den sonntäglichen Ansturm nicht fassen.

Eisenbahnbaufirmen prophezeiten schon 1889 - auch noch ohne Anziehungskraft des Porta-Denkmals - einer einzurichtenden Straßenbahnlinie zwischen Minden und Barkhausen eine günstige Entwicklung. Dabei mußte und konnte die Bahnlinie nicht auf die Ausflügler als einzige Fahrgäste ausgerichtet sein. Schließlich verkehrte sie nicht nur zum Wochenende, sondern auch von Montag bis Sonnabend. Mit zunehmender Industrieansiedlung in der Stadt, die nach der Entfestung seit 1873 einen langsamen wirtschaftlichen Aufschwung nahm, waren mehr und mehr Pendler aus den umliegenden Orten zu erwarten, die bei entsprechendem Angebot das neue Verkehrsmittel annehmen würden.

Stadt befürwortet Bahnlinien

Die Stadt Minden stand schon seit langem der Errichtung von Straßenbahnlinien positiv gegenüber, wie sich bei nicht realisierten Pferdebahnprojekten gezeigt hatte. Ihr

Gesetz

über Kleinbahnen und Privatanschlußbahnen.

Vom 28. Juli 1892.

(G.=S. 1892 Nr. 25 S. 225—238.)

Wir Wilhelm, von Gottes Gnaden König von Preußen zc. verordnen, unter Zustimmung beider Häuser des Landtages der Monarchie, was folgt:

(s. Ausführungsanweisung vom 13. August 1898 Eingangsworte.)

I. Kleinbahnen.

§ 1.

Kleinbahnen sind die dem öffentlichen Verkehre dienenden Eisenbahnen, welche wegen ihrer geringen Bedeutung für den allgemeinen Eisenbahnverkehr dem Gesetze über die Eisenbahnunternehmungen vom 3. November 1838 (Gesetz=Samml. S. 505) nicht unterliegen.

Insbesondere sind Kleinbahnen der Regel nach solche Bahnen, welche hauptsächlich den örtlichen Verkehr innerhalb eines Gemeindebezirks oder benachbarter Gemeindebezirke vermitteln, sowie Bahnen, welche nicht mit Lokomotiven betrieben werden.

Ob die Voraussetzung für die Anwendbarkeit des Gesetzes vom 3. November 1838 vorliegt, entscheidet auf Anrufen der Beteiligten das Staatsministerium.

(s. Ausführungsanweisung vom 13. August 1898 zu § 1.)

konnte die Anlage eines Denkmals nur recht sein in einer Zeit, die den Klein- und Straßenbahnbau besonders förderte. Am 28. Juli 1892, gerade als die Arbeiten für das Denkmal begannen, wurde ein „Gesetz über Kleinbahnen und Privatanschlußbahnen" in Preußen erlassen. Es regelte in allen Einzelheiten und verbindlich Zuständigkeiten und Verfahren für die Genehmigung, den Bau und den Betrieb solcher „Bahnen, welche hauptsächlich den örtlichen Verkehr innerhalb eines Gemeindebezirks oder benachbarter Gemeindebezirke vermitteln", wie es in § 1 bei der Definition von „Kleinbahnen" heißt.

Bei der Inbetriebnahme der Mindener Straßenbahn kann man sich später rühmen,die erste von Dampflokomotiven befahrene Strecke nach Erlaß des Kleinbahngesetzes in Preußen zu sein.Die zahlreichen Anlagen solcher Bahnen um die Zeit der Jahrhundertwende werden zumeist noch mit Pferden betrieben oder kommen per Dampfkraft erst später als Minden zum Zuge.

Auf dem Wege zur Finanzierung

Die letzten Vorbereitungen zum Baubeginn am Denkmal laufen, als die Stadt Minden am 8. Juli 1892 zu einer Bürgerversammlung in die »Tonhalle« ruft, um das seit Jahren schwebende Projekt „Straßenbahn" in ein konkretes Stadium treten zu lassen. Die Pläne für eine eingleisige, mit Dampf betriebene Bahn von Minden nach Barkhausen mit Ausweiche auf etwa halber Strecke in Bad Zollern sind fertig, nun fehlt es noch an der nötigen Finanzierung. Man rechnet damit, daß insgesamt 130 000 Mark für die Anlage aufzubringen sind. Davon werden etwa 30 000 M auf den Wagenpark, der angesichts des Sonntagsverkehrs relativ groß sein muß, entfallen. Die Beschaffung von Lokomotiven dürfte etwa genauso viel ausmachen, die restlichen 70 000 M kostet die Anlage der Strecke mit Depot. Es müßten dann etwa 54 000 Fahrgäste im Jahr sein, damit die Rentabilität des Unternehmens gesichert wird.

Mindens Oberbürgermeister Bleek setzt sich in diesem Zusammenhang dafür ein, daß kein auswärtiges Konsortium die Straßenbahn übernehmen solle, sondern sich eine Gesellschaft aus den eigenen Reihen bilde. Die Voraussetzungen dafür sind gut; denn die Stimmung in der Bürgerschaft ist eindeutig pro Bahn.

Die Versammlung „erklärt die Anlage einer Mindener Straßenbahn nach Porta als ein Bedürfnis und wünscht die baldige Durchführung dieses Unternehmens". Ein zehnköpfiges Gremium wird gebildet, das die Vorarbeiten weiter vorantreiben soll und dazu ermächtigt ist, vorläufige Aktienzeichnungen entgegenzunehmen.

Minden, den 10. Okt. Straßenbahn Minden-Porta. Nachdem die Vorbereitungen zu diesem Unternehmen das erfreuliche Ergebniß erzielt, daß das zur Ausführung erforderliche Aktienkapital von 150,000 M. durch die Voranmeldungen gesichert ward, fand am Samstag, den 8. d. Mts., die konstituirende Generalversammlung unter der Leitung des Herrn Justizraths **Bernau**, dem Vorsitzenden des bisherigen Ausschusses, statt, in welcher 48 Aktionäre anwesend waren. Der Entwurf der Satzungen der Gesellschaft wurde in der vorgelegten Form einstimmig angenommen, sodann zur Wahl eines Aufsichtsraths geschritten, wobei mit überwiegender Mehrheit folgende 10 Herren gewählt wurden: Justizrath **Bernau**, Bergrath **Goedecke**, **G. Hattenhauer**, **W. Heimrod**, **W. Kiel**, **Chr. Lück**, **C. Siebe**, **M. Schütte**, **Wold. Schmidt**, **Th. Wiese**. Trotz mancher entgegenstehenden Schwierigkeiten ist hiermit das Unternehmen glücklich zu diesem Abschluß geführt, die Eröffnung des Betriebes im nächsten Frühjahr kann daher als sicher angenommen werden, denn es ist wohl nicht daran zu zweifeln, daß jetzt nach erfolgter Konstituirung der Gesellschaft die Konzession zum Bau bald ertheilt wird, besonders mit Rücksicht auf das vor kurzem veröffentlichte Kleineisenbahngesetz, das ja die Ausführung derartiger Anlagen besonders begünstigen soll. Dieser erfreuliche Ausgang ist wohl wesentlich der eifrigen und opferwilligen Thätigkeit des bisherigen Ausschusses zuzuschreiben, dessen Bemühen daher auch in der konstituirenden Versammlung volle Anerkennung fand. Ferner ist auch noch hervorzuheben, daß die beiden bei der Annahme der Zeichnungen betheiligten Bankstellen, der Mindener Bankverein wie die Firma Herm. Lampe, ohne jede sonst übliche Provision sich in den Dienst dieser Sache gestellt und dadurch ebenfalls zum Gelingen beigetragen haben. Wir weisen noch darauf hin, daß noch einige bereits gezeichnete Aktien zur Verfügung gestellt sind, so daß den Interessenten hierdurch noch Gelegenheit zur Betheiligung gegeben ist. Wir schließen mit dem Wunsche, daß die Ausführung dieses Unternehmens, das wohl die Sympathien der weitesten Kreise genießt, alle hierbei gehegten Erwartungen erfülle und wichtige Interessen unserer Stadt hierdurch eine wirksame Förderung erfahren.

Minden-Lübbecker Kreisblatt vom 10. Oktober 1892.

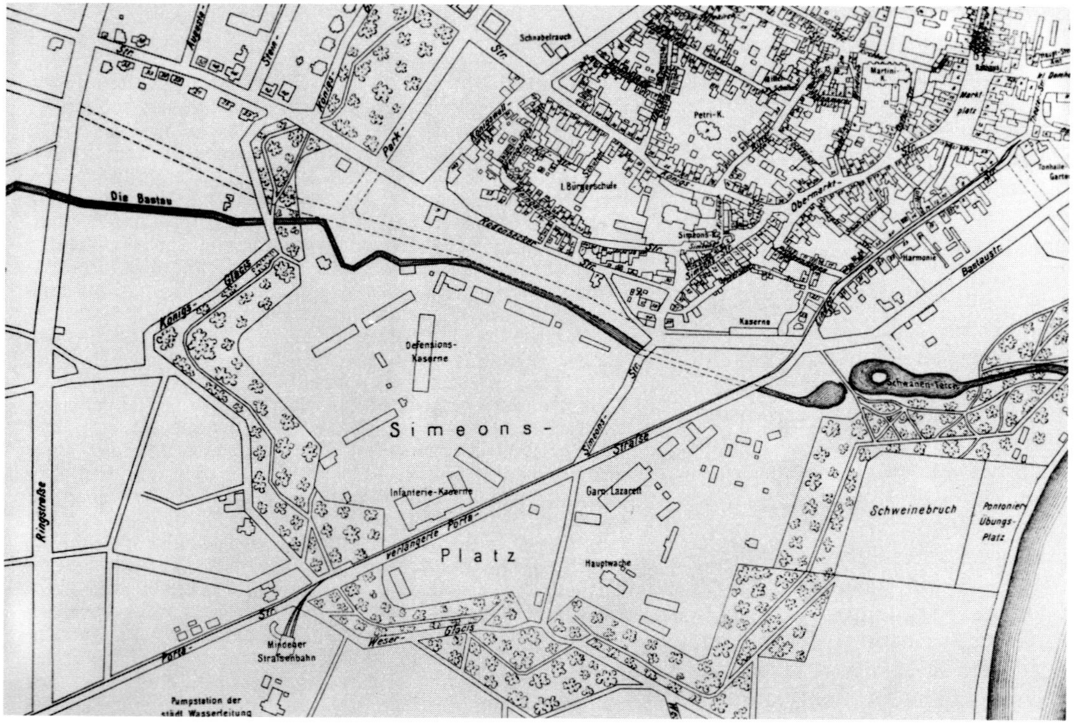

Die Straßenbahn beginnt in Minden mit einem Umsetzgleis am Ende der Lindenstraße.

Kommunalarchiv Minden

c) „Mindener Straßenbahn-Gesellschaft" eröffnet am 7. September 1893 Bahn nach Porta

Mit dem Vorzeichnen von 150 Aktienteilen zu je 1 000 Mark ist der entscheidene Schritt getan. Innerhalb von drei Monaten bringen private Interessenten aus dem Mindener Raum ein Aktienkapital von 150 000 Mark durch ihre Voranmeldung auf, so daß am 8. Oktober 1892 die 48 Aktionäre zur konstituierenden Sitzung der „Mindener Straßenbahn-Gesellschaft" zusammentreten können.

Im »Mindener Kreisblatt« vom 10. Oktober 1892 steht zu lesen:

„...die Eröffnung des Betriebes im nächsten Frühjahr kann als sicher angenommen werden, denn es ist wohl nicht daran zu zweifeln, daß jetzt nach erfolgter Konstituirung der Gesellschaft die Konzession zum Bau bald ertheilt wird, besonders mit Rücksicht auf das vor kurzem veröffentlichte Kleineisenbahngesetz, das ja die Ausführung derartiger Anlagen besonders begünstigen soll."

Aber ganz so schnell, wie man es sich wünschte, ging es dann doch nicht. *„Die Entwicklung unserer Gesellschaft wurde durch die Verhandlungen mit der Provinzialverwaltung wegen Überlassung der Landstraßentheile aufgehalten"*, heißt es später im 1. Geschäftsbericht der Bahn. Dabei handelt es sich um die Portastraße, auf der ein großer Teil der Straßenbahnlinie verläuft.

Von der „Tonhalle" bis zum „Kaiserhof"

Die Straßenbahn beginnt an der Tonhalle (heute Neubau der Deutschen Bank), in unmittelbarer Nähe zum Marktplatz, mit einer Ausweiche. Von dort führt sie die Lindenstraße entlang auf die verlängerte Portastraße mit Wagen- und Lokomotivschuppen auf einem von der Stadt gepachteten Grundstück am Weserglacis, dann die Portastraße über Bad Minden und Bad Zollern bis Barkhausen. Gegenüber dem Hotel »Kaiserhof« endet die Linie mit vier Gleisen zum Abstellen von Verstärkungswagen und Umsetzen der Lokomotiven.

Die Bauarbeiten beginnen Ende Juli 1893, nachdem am 12. Mai desselben Jahres der Regierungspräsident in Minden die Genehmigung *„zum Bau und Betriebe einer für Personen- und Güterbeförderung bestimmten Kleinbahn mit Maschinenbetrieb von Minden nach Porta"* erteilt hat. Die Konzession wird auf 30 Jahre ausgestellt.

In der Urkunde heißt es u. a. weiter:

„In den Straßen der Stadt Minden ist zwischen den Gleisen und mindestens bis auf 50 cm Abstand an der äußeren Seite der Schienen zu pflastern, auf der Strecke zwischen Stadt und Porta dagegen eine Befestigung mit Steinschlag erforderlich. Die Spurweite wird auf 1,0 m festgesetzt."

Als die Arbeiten für die gut fünf Kilometer lange Strecke erst einmal begonnen haben, geht es dann aber sehr schnell weiter. Von den 5 392 Meter Gleisen werden 5 314 m auf schon vorhandenen Straßen verlegt; nur 78 m sind als eigener Bahnkörper einzurichten. Die Oberbaukonstruktion der Bahn besteht aus Stahlrillenschienen oder Vignolschienen auf Stahlquerschwellen. Das Gewicht der Schienen beträgt pro laufenden Meter 15,5 bis 32 Kilogramm.

Mindener Straßenbahn-Gesellschaft.

Donnerstag, den 7. d. M., werden um 4 u. 4 1/2 Uhr Nachmittags
zwei Sonderzüge nach Porta
abgelassen werden.
Rückfahrt von Porta zwischen 7 und 8 Uhr.

Mindener
Straßenbahn-Gesellschaft.

Fahrpreise:

Minden—Bad Zollern oder umgekehrt	15 Pf.
Bad Zollern—Porta „ „	15 „
Minden—Porta „ „	20 „
Minden—Porta und zurück oder umgekehrt **(nur am Lösungstage gültig).**	30 „
Kinder unter 10 Jahren zahlen auf allen Strecken für die einfache Fahrt	10 „

Monatskarten zu **5 Mark** und **Jahreskarten** zu **30 Mark** berechtigen zur Benutzung aller fahrplanmäßigen Züge.

Arbeiterwochenkarten zu **60 Pfennig** sind nur gültig an Wochentagen für die im Fahrplan besonders angegebenen Züge.

Für Mitnahme von **größeren Gepäckstücken** ist eine entsprechende Gebühr zu entrichten.

Um Erfahrungen zu sammeln, soll ein bindender, den Verkehrsbedürfnissen genügender Fahrplan erst in einiger Zeit festgestellt werden; es wird beabsichtigt, von Freitag den 8. d. Morgens an bis auf weitere Bekanntmachung die Züge in folgender Weise fahren zu lassen, soweit keine Hindernisse eintreten:

Abfahrt von Minden:
5.—, 6.—, 8.—, 9.30, 11.—, 12.30, 2.—, 3.30, 5.—, 6.30, 8.—

Abfahrt von Porta:
5.30, 7.30, 9.— 10.30, 12.—, 1.30, 3.—, 4.30, 6.—, 7.30, 9.—

Abfahrtstellen sind: Lindenstraße-Markt in Minden und Fährstraße in Porta.

Haltestellen sind: am **Schwanenteiche, Lübbecker Landstraße, Bad Zollern, Barkhausen** (Kapellenweg).

Die beiden ersten Züge von Porta und die beiden letzten von Minden halten außerdem: **Kaiserweg** (Porta), **Weg nach dem Erbe** und **Glacis.** Nur für diese Züge sind die Wochenfahrkarten gültig.

Festgruß

zur Eröffnung der Dampf=Straßenbahn Minden — Porta.

Motto: Vorwärts heißt das gewaltige Wort,
welches das Zeitalter drängt und des
Menschen Geist beflügelt.

Sei mir gegrüßt auf heimathlichen Schollen,
Du Wagentrain, von Dampfes Kraft geführt;
Du bist entstanden durch ein ernstes Wollen
Und durch den Sinn, der edle Männer ziert.
Sei mir gegrüßt, Du Bote bess'rer Zeiten,
Du Förderer von Handel und Verkehr,
Laß Deine Glocke stets zum „Vorwärts“ läuten,
Durchlaufe Deine Strecken leicht und hehr.

Sei unverzagt, kurz sind noch Deine Strecken,
Das Gute bricht von selbst sich weit're Bahn.
Dein Glockenruf wird größ're Kreise wecken,
Verstummen wird der Zweifler leerer Wahn.
Wenn erst aus wolk'ger Höh' Dich wird begrüßen
Das Kaiserhaupt im ehr'nen Lorbeerkranz,
Dann wird Dein Segen voller sich ergießen,
Und der Verkehr wird zeigen reich'ren Glanz.

Noch jung, vom Nord zum Süd, vom Süd zum Norden,
Ist klein zunächst Dein jugendlicher Lauf;
Doch bist Du groß und älter erst geworden,
Nimmt auch im Westen jubelnd man Dich auf.
Auch gegen Norden werden Deine Schienen
Sich legen einen neuen, weit'ren Strang,
Und sicherlich wirst Du mit frohen Mienen
Nach Jahren einst behaupten Deinen Rang.

Ludwig Schirmeister.

Minden-Lübbecker Kreisblatt vom 7. September 1893

Und so steht es Anfang September 1893 im »Mindener Kreisblatt«:

„Mindener Straßenbahn-Gesellschaft.
Donnerstag, den 7. September, soll die Bahnlinie Minden= Porta durch die von der Lindenstraße (Markt) um 2 1/2 Uhr Nachmittags beginnende Festfahrt dem Betriebe übergeben werden. Hieran wird sich um 3 Uhr Nachmittags im Kaiserhofe zu Porta ein Festessen (Preis 2 M. 50 Pf.) anschließen. Zur Rückfahrt werden zu verschiedenen Zeiten Züge bereit stehen. Die Herren Aktionäre und Freunde der Gesellschaft werden hiermit zur Theilnahme an der Eröffnungsfahrt und dem Festessen eingeladen…”

Es ist so weit: die Straßenbahn Minden wird feierlich zur Freude der Mindener, Barkhauser und Bürger aus der Umgebung nach kurzer Bauzeit (Abnahme am 31. August 1893) eröffnet. Der erste festlich geschmückte Zug dampft am Donnerstagnachmittag, 7. September 1893, um 14.30 Uhr von Minden nach Porta, der zweite Sonderzug mit Ehrengästen folgt eine halbe Stunde später.

Das »Mindener Kreisblatt« widmet dem Ereignis einen ausführlichen „Orts-Bericht”, in dem u. a. zu lesen steht:

„Unter lebhafter Betheiligung aller Behörden und der Einwohnerschaft Mindens wurde heute Nachmittag 1/2 3 Uhr ein geschmückter Doppelfestzug zur Eröffnung der Straßenbahn abgelassen, welcher die Festtheilnehmer in 23 Minuten (mit Aufenthalt bei Zollern) nach einer angenehmen Fahrt zur Porta brachte. Nachdem dort eine photographische Aufnahme der Festgäste und des Festzuges stattgefunden, sammelten sich gegen 150 Herren im Saale des »Kaiserhofes« zum Festessen.”

Unter den Ehrengästen befanden sich Regierungspräsident von Pilgrim, Landrat Bosse, Oberbürgermeister Bleek, Landrat a. D. von Oheimb, Bergrat Goedecke, der sich ebenso wie Stadtrat Kiel in besonderem Maße für die Belange der neugegründeten Straßenbahn eingesetzt hat.

Ein seltenes Bilddokument, dem man sein Alter inzwischen ansieht. Sammlung P. Czauderna

Dienst-Anweisung

für die bei der

Mindener Straßenbahn-Gesellschaft

beschäftigten

Schaffner.

Gültig vom 1. September 1893.

Minden i. W.
Gedruckt bei J. C. C. Bruns.
1893.

Diese Namen werden auch später bei anderen Mindener Straßen- bzw. Kleinbahnprojekten wieder auftauchen.

Aber erst einmal wird die Inbetriebnahme der ersten Mindener Bahnlinie – abgesehen von der schon alten Coeln-Mindener Eisenbahn des Jahres 1847 – gebührend gefeiert. Und das ging zu damaligen Zeiten nicht ohne ein immer wiederkehrendes Hoch auf den Kaiser vonstatten. Alle Festredner waren des Dankes und des Lobes voll. Sie erinnerten an die Bedeutung des wachsenden Eisenbahnnetzes, an die Wirkung des preußischen Kleinbahngesetzes und die Erschließung der Orte durch Straßenbahnen. Regierungspräsident von Pilgrim:

„Neue Zeiten erfordern neue Mittel, neuen Muth. Den haben unsere Mitbürger bewiesen, welche den Plan in's Werk gesetzt haben; diesen kühnen Männern, dem Verwaltungsrath und den Unternehmern, bringe er sein Hoch."

Abschließend bemerkt der Berichterstatter im »Kreisblatt«:

„In fröhlicher Unterhaltung blieben die Festgäste beisammen, bis Abends das Dampfroß sie wieder zur Stadt zurückführte. Möge nunmehr das Werk rüstig und ungehindert seinen Fortgang nehmen und bald auch den übrigen Gegenden unserer engeren und weiteren Heimath die Vortheile einer Bahnverbindung zuführen."

Staatsarchiv Detmold

d) Die ersten zehn Jahre der Straßenbahn

Mit 12 Kilometern Geschwindigkeit in der Stunde dampft die Straßenbahn in 25 Minuten durch die Lindenstraße in Richtung Porta, auf der Chaussee kann der Lokführer den Regler weiter öffnen und seine Maschine auf 15 km/h bringen. Vom 15. September 1893 an wird zehnmal am Tag in jede Richtung gefahren. Der erste Zug geht morgens um 5.25 Uhr in Porta, gegenüber dem »Kaiserhof« an der Fährstraße, auf die Strecke mit den Haltestellen Kapellenweg, Bad Zollern, Lübbecker Landstraße und Schwanenteich. Die sogenannten „Arbeiterzüge" – morgens die ersten beiden aus Porta und abends die letzten von Minden – halten außerdem am Glacis, dem Weg nach dem Erbe und Kaiserweg in Porta.

Porta ab	Minden ab
5.25 Uhr	5.55 Uhr
6.30	7.00
8.00	8.30
9.30	10.00
11.30	12.00
13.00	13.30
14.30	15.00
16.00	16.30
18.00	18.30
19.30	20.00

Die „Vorschriften für den Betrieb", wie sie in der Genehmigungsurkunde vom Juni 1893 aufgeführt sind, mahnen das Lokpersonal:

„Mindestens 100 Meter vor dem Passiren von Straßenkreuzungen sowie im Dorfe Barkhausen ist ein langsames Tempo anzunehmen und die an der Lokomotive befindliche Glocke anzustellen, bis der ganze Zug den Weg passirt hat."

Man gewöhnte sich damals schnell an das Läutewerk der Lokomotiven und hörte schon von fern, wo der Zug sich befand. Doch nicht nur die noch straßenbahnungewohn-

Endpunkt der Bahn in Minden: die Lindenstraße.
Kommunalarchiv Minden

… mit der Dampf-Straßenbahn zwischen 1893 und 1920.

Längst vergangene Bebauung der Lindenstraße.

Kommunalarchiv Minden

Offensichtlich noch keine Probleme mit anderen Verkehrsteilnehmern hatte dieser Zug der Dampfstraßenbahn Minden. Die Kastenlok mit zwei Sommer- und einem Winterwagen verläßt die Lindenstraße in Richtung Porta.

Kommunalarchiv Minden

Ankunft des Dampfzuges aus Porta im Jahre 1913.

Kommunalarchiv Minden

Die Straßenbahngleise führen am Königlichen Garnisonslazarett (heute Klinikum) an der Portastraße vorbei.

Kommunalarchiv Minden

Endstation »Kaiserhof« nach einer Ansichtskarte von 1918.

Sammlung H. G. Coldewey

Kasten-Dampflokomotive »Minden« in Porta.

Kommunalarchiv Minden

ten Passanten waren zur Vorsicht aufgerufen, sondern auch die Lokführer:

„Der Lokomotivführer ist namentlich für die pünktliche Befolgung der Vorschriften bezüglich der Fahrgeschwindigkeit verantwortlich. Eine Zuwiderhandlung hat außer Bestrafung event. auch sofortige Entlassung zur Folge. Er hat außerdem alle Vorsicht anzuwenden, um Zusammenstöße mit anderen Fuhrwerken, Reitern und Fußgängern zu vermeiden und bei eintretender Befürchtung solcher Zusammenstöße insbesondere bei Scheuwerden von Pferden still zu halten."

Außerdem hatten der Lokführer, dessen „Assistent" (Heizer) und das sonstige Fahrpersonal der Bahn im Dienst stets nüchtern zu sein, sich höflich zu betragen und des Tabakrauchens zu enthalten. „Die Schaffner müssen stets mit polizeilich genehmigter, in gutem, reinlichen Zustande befindlicher Dienstkleidung bekleidet sein" verlangte ferner der § 6 für Dienstbeamte.

Erfreuliche Fahrgastzahlen

Solcherart zu Höflichkeit und Pünktlichkeit verpflichtet, hatte die Mindener Straßenbahn schon in dem ersten Vierteljahr ihres Betriebes einen erfreulichen Zuspruch. Bis 1898 nahm die Fahrgastzahl stetig zu, so daß der Reingewinn des Unternehmens bereits im ersten vollen Betriebsjahr einen fünfstelligen Betrag ausmachte und eine Dividende von vier Prozent an die Aktionäre ausgeschüttet werden konnte.

Die Fahrkarte kostete je nach Entfernung zwischen 15 und 30, für Kinder 10 Pfennige. Arbeiterwochenkarten gab es für 60 Pf., Monatskarten für 5 Mark. Es wurden sogar Jahreskarten angeboten, die für 30 Mark zur Benutzung aller fahrplanmäßigen Züge berechtigten. (Arbeitnehmer-Jahresverdienst um 1900: im Durchschnitt 784 M.)

Größere Gepäckstücke, die man mitführte, mußten extra berechnet werden.

Die Einnahmen der Straßenbahn stiegen schnell an: von 51 095 Mark im Jahr 1894 bis auf 64 633 M 1897. Entsprechend erhöhte sich der Reingewinn von 12 328 M auf 15 000 M. Doch dann kam schlechtes Wetter an den ausflugsträchtigen Feiertagen; die vielbesuchten Sonntagskonzerte im »Kaiserhof« wurden abgesetzt, und außerdem eröffneten die Mindener Kreisbahnen (MKB) ihre erste Strecke. Die Zahl der Straßenbahnfahrgäste ging merklich zurück, und der Reingewinn des Unternehmens sank innerhalb der ersten zehn Jahre unter 6 000 Mark.

Jahr	Einnahme	Reingewinn
1893	10 716 Mark	2 059 Mark
1894	51 095 Mark	12 328 Mark
1895	56 668 Mark	12 166 Mark
1896	60 290 Mark	13 881 Mark
1897	64 633 Mark	15 858 Mark
1898	61 149 Mark	15 002 Mark
1899	56 773 Mark	7 770 Mark
1900	54 848 Mark	7 485 Mark
1901	53 357 Mark	5 681 Mark
1902	50 445 Mark	5 716 Mark

Um eine Vorstellung davon zu bekommen, wieviele Personen die Dampfstraßenbahn zwischen Minden und Porta bestiegen, einmal folgende Zahlen: zwischen Juli 1901 und Juni 1902 betrugen die Einnahmen 53 249 Mark, die von 430 425 Fahrgästen eingebracht wurden. Das heißt: 1897, dem weitaus besten Betriebsjahr, dürften umgerechnet rund 525 000 Personen mit der Straßenbahn gefahren sein. Erfahrungsgemäß herrschte zwischen April und September, den Monaten mit den Oster- und Pfingstfeiertagen sowie Ferien, der größte Andrang. Dieses halbe Jahr bringt etwa zwei Drittel der gesamten Jahreseinnahmen.

Das anfängliche Stammkapital von 150 000 Mark, von denen rund 128 000 M für den Bau der Bahn ausgegeben worden sind, wird stetig aufgestockt, bis es im Januar 1896 – um 100 000 M erhöht – 250 000 Mark ausmacht.

e) Die Fahrzeuge der Dampfstraßenbahn

Dampflokomotive »Hausberge« mit Betriebs- und Werkstattpersonal. Rechts einer der Sommerwagen. Archiv EMR

Blick in den Lokomotivschuppen an der Portastraße. Gut zu erkennen sind die Kesselrohre der Dampflok, die offensichtlich gerade ausgewechselt werden.

Archiv EMR

Dampflokomotiven »Minden« und »Porta«

In der Bausumme sind auch die Kosten für die ersten Fahrzeuge der Straßenbahn enthalten. Bei der Lokomotivfabrik Hagans in Erfurt werden zunächst zwei bescheidene Dampflokomotiven bestellt: zweiachsige Maschinen ohne Vor- und Nachlaufachsen, die eine Leistung von nur 50 PS erbringen. Mit den Fabriknummern 276 und 277 gebaut, treffen sie am 31. August bzw. 1. September 1893 per Staatsbahn in Minden ein.

Der Transport der Schmalspurlokomotiven vom Bahnhof, der damals noch niveaugleich über die Viktoriastraße führte, zur Lindenstraße ist bemerkenswert: Man legte drei Gleisjoche abwechselnd voreinander und ließ die kleinen Maschinen auf diese Weise mit eigener Kraft über die Bunte und die Weserbrücke sowie durch den Klausenwall fahren. Man kann sich leicht vorstellen, welche Mühe diese Transporte gekostet haben. So soll man pro Maschine eine ganze Nacht gebraucht haben. An der Lindenstraße wurden die Loks dann auf die schon verlegten Straßenbahngleise gestellt.

Die beiden Maschinen tragen, was bei vielen Kleinbahnen üblich gewesen ist und sich zum Teil bis heute erhalten hat, Namen. Als »Minden« und »Porta« werden sie auf die kurze Strecke geschickt. Ihr Äußeres ist typisch für die im Straßenbahndienst eingesetzten Dampflokomotiven. Der kastenförmige Aufbau sorgt für den entsprechenden Namen „Kastenlok", bei denen der Lokführer nicht am

Drei Winterwagen hinter der »Minden«, die 1896 von Hagans in Erfurt gebaut wurde.

Kommunalarchiv Minden

Ende, sondern in der Mitte der Maschine steht. Aus Sicherheitsgründen ist das Triebwerk verkleidet – man befürchtete zum Beispiel das Scheuen von Pferden beim Anblick der sich bewegenden Triebwerksteile –, und auf dem Dach befinden sich Kondensationsröhren, in die der Abdampf geleitet werden muß; jedenfalls innerhalb der Stadt, um die Belästigungen durch Dampfloks einigermaßen in Grenzen zu halten. Außerhalb der Stadt, also auf der Portastraße, geht der Dampf den normalen Weg durch den Schornstein. Im übrigen wird auf Anordnung des Magistrats der Stadt Minden mit Koks geheizt.

Wagen

Neben den beiden Dampflokomotiven sind Ende 1893 für den Betrieb vorhanden: 4 Winterwagen, das sind geschlossene Fahrzeuge mit Mittelgang und offenen Plattformen, sowie 3 Sommerwagen, d. h. an den Seiten offene Fahrzeuge mit quer zur Fahrtrichtung angeordneten Holz-Sitzbänken und seitlichen Laufbrettern für die Schaffner; ein Mittelgang fehlt. Gegen Regen und Zugluft bieten Vorhänge Schutz.

Die Zahl der Beiwagen erhöht sich in den ersten Betriebsjahren stetig. Bis 1902 steigt der Bestand auf 10 Winter- und 6 Sommerwagen an. Es sind allesamt vierachsige Drehgestellwaggons, deren Anzahl bis 1915 unverändert bleibt. Die geschlossenen „Anhänger" tragen die Betriebsnummern 1 bis 10. Ob die offenen Wagen ohne Nummern liefen, ist nicht mehr festzustellen, ebensowenig die Herstellerfirmen aller Beiwagen der Dampfstraßenbahn Minden. Sie bieten zwischen 52 und 58 Personen Platz (davon ca. ein Drittel Stehplätze), haben also schon eine recht beachtliche Länge, was auf den damals noch seltenen Fotografien besonders hinter den kurzen Lokomotiven auffällt.

Überaus seltenes Foto:
Kastenlok mit Sommerwagen auf der Portastraße.

Archiv EMR

Eine der 1894 bei Hagans eingetauschten Dampflokomotiven trug den Namen »Westfalen«.

Archiv EMR

Nicht nur die Mindener Dampfstraßenbahn kennt das Nebeneinander von Sommer- und Winterwagen. Vielmehr ist der gemischte Wagenpark typisch für Pferde- und Dampfstraßenbahnen überhaupt. Man scheut offenbar nicht die Unterhaltung von zwei Sorten Beiwagen, deren offene Variante nur einen Teil des Jahres einzusetzen ist. Die Attraktivität der weiß-grünen und weiß-blauen Sommerwagen wird zunächst jedoch sehr hoch eingeschätzt, bieten sie doch freien, luftigen Blick auf die durchfahrene Landschaft.

Die weitere Entwicklung der Straßenbahn-Beiwagen setzt dann aber ganz auf den geschlossenen Typ mit Plattformen und Mittelgang.

Umtausch der Dampfloks

Sehr bald zeigt sich, daß die »Minden« und die »Porta« für den Betrieb viel zu schwach sind. Die Fahrt von Porta nach Minden bringt keine Probleme, aber in umgekehrter Richtung schaffen die beiden Lokomotiven die langgezogene Steigung in Barkhausen einfach nicht. Auch das Zurücksetzen und das nochmalige Anfahren „mit Schwung" führt nur selten zum Erfolg. Den Fahrgästen bleibt nur auszusteigen und entweder den Rest der Strecke zu Fuß zurückzulegen oder den Zug kräftig zu schieben. Das ist natürlich nicht das, was man sich unter einem modernen Verkehrsmittel vorstellt!

Die Dampfstraßenbahn verhandelt mit der Lokomotivfabrik Hagans in Erfurt und erreicht schließlich, daß die beiden schwachen Maschinen zurückgenommen werden; stattdessen kommen 1894 drei neue, nun 60 PS starke Lokomotiven aus Erfurt nach Minden (Fabriknummern 287-289). Wiederum sind es B-gekuppelte Kastenloks; sie erhalten die Namen »Wittekind«, »Westfalen« und »Hausberge«.

Aber auch mit den neuen Lokomotiven gelang es nicht immer, mit zwei oder drei Beiwagen die gefürchtete Steigung in Barkhausen ohne Schwierigkeiten zu erklimmen. Bei vollbesetzten Zügen oder feuchter Witterung erweisen sich auch zehn PS mehr als zuvor als zu wenig, und es darf unter Umständen immer noch geschoben werden. Auf diese Weise hat sich die Dampfstraßenbahn in den Anekdotenschatz zahlreicher Benutzer gefahren. So ist Karl-Heinz Bödeker aus Porta Westfalica-Lerbeck von seinem Vater überliefert worden:

„Die Fahrt mit der Straßenbahn von Porta nach Minden war überwiegend ohne größere Verzögerungen (weil die Strecke ja „bergab" ging). Dagegen war die Fahrt von Minden nach Porta oft mit sehr großen Schwierigkeiten verbunden. Die Dampflok hatte mehrfach nicht soviel Kräfte (in den Wintermonaten, wenn sehr viele Personen im Straßenbahnzug waren) bis nach Porta ohne besondere Schwierigkeiten zu fahren. Die schwere Last der teilweise großen Personenbeförderung war einfach für die Dampflok zu anstrengend. Bei der Fahrt nach Porta „bergauf" versagten dann sehr oft die „Kräfte" der stöhnenden Dampflok. Sie blieb stehen und konnte einfach nicht mehr weiterfahren. Der Lokführer fuhr nun die stehengebliebene Dampflok wieder mehrere hundert Meter zurück und versuchte nun erneut, die Steigung durch Schwung und etwas mehr Tempo zu schaffen. Mitunter schaffte die Dampflok es dann oder der Vorgang wurde noch einmal wiederholt. Schaffte die Dampflok es dann nach mehreren vergeblichen Versuchen aber immer noch nicht, dann sind mehrere Personen aus dem „Straßenbahnzug" ausgestiegen und haben tatkräftig mit geschoben. Die Beförderungslast war nun ja etwas weniger und durch die Hilfe der guten „Menschenkraft" in Verbindung mit der Kraft der Dampflok schaffte sie nun die Steigung und die Fahrt konnte dann wieder bis nach Porta fortgesetzt werden."

Verdichtung des Fahrplans

Die Zahl der Fahrten wird in den ersten Betriebsjahren laufend erhöht: Es beginnt 1893 mit zehn Zugpaaren werktags wie sonntags. Ein Jahr später sind es werktags zwölf, sonntags sogar 16 Züge in jeder Richtung. Betriebsbeginn und -ende ist jetzt Minden. 1897 verkehren werktäglich 15 Zugpaare, sonn- und feiertags sogar 20! Der erste Zug geht morgens um 4.50 Uhr ab Minden, der letzte ist nachts gegen 22.45 Uhr wieder dort. Es ist das Jahr mit den besten Einnahmen; nach 1897 gehen, wie wir gesehen haben, die Fahrgastzahlen zurück. Und so sieht der Fahrplan von 1904 nur noch 13 Zugpaare an Werktagen, 16 an Sonntagen vor.
Anstrengend genug für das Personal – und für die Maschinen.

Neue Dampflokomotive

In Erwartung noch zunehmenden Verkehrs erwirbt die Dampfstraßenbahn 1896 eine vierte Dampflokomotive. Wie die schon vorhandenen wird sie von Hagans, Erfurt, geliefert. Die Maschine mit der Fabriknummer 316 ist wiederum als zweiachsige Kastenlok ausgeführt. Sie erhält den Namen »Minden«, den 1893 schon eines der beiden an Hagans zurückgegebenen Fahrzeuge getragen hatte.

Wie der ehemalige Lokführer Pieper erzählt, waren sämtliche Maschinen ständig unter Dampf. Zwei setzte man im fahrplanmäßigen Betrieb ein, die anderen beiden standen als Reserveloks ebenfalls unter Dampf. Den kleinen Maschinen muß der lange und anstrengende Dienst arg zugesetzt haben; denn die Werkstatt des Depots an der Portastraße war ständig damit beschäftigt, den Lokomotiven neue Rohre einzuziehen. Lokführer Pieper erinnert sich auch noch an das Trocknen von Streusand im Ofen. Angesichts der berüchtigten Steigung war der Sandverbrauch der Loks ziemlich groß ... Später endeten sie beim Schrotthändler Fritz Berg in Minden.

Mindener Straßenbahn-Gesellschaft.

Vom **15. April 1894 ab** sollen bis auf Weiteres folgende Züge fahren:

A. An Wochentagen:

Ab Minden: 4^{50} 5^{55} 7^{00} 8^{00} 9^{30} 11^{10} 12^{20} 1^{50} 2^{55} 4^{10} 5^{15} 6^{20} 7^{30} 8^{40} 9^{40}

Ab Porta: 5^{25} 6^{30} 7^{30} 9^{00} 10^{40} 11^{45} 1^{20} 2^{25} 3^{40} 4^{45} 5^{50} 7^{00} 8^{10} 9^{10} 10^{15}

B. An Sonn- und Feiertagen.

Ab Minden: 7^{00} 8^{35} 10^{00} 11^{40} 12^{45} 1^{30} 2^{00} 2^{35} 3^{05} 3^{40} 4^{10} 5^{05} 5^{45} 6^{20} 6^{55} 7^{30} 8^{00} 8^{40} 9^{15} 9^{45}

Ab Porta: 8^{00} 9^{30} 11^{10} 12^{15} 1^{30} 2^{00} 2^{35} 3^{05} 3^{40} 4^{10} 5^{05} 5^{45} 6^{20} 6^{55} 7^{30} 8^{00} 8^{40} 9^{15} 9^{45} 10^{30}

Haltestellen sind:

Schwanenteich, Wasserwerk, Bad Zollern, Barkhausen (Krüger).

Arbeiter-Fahrkarten haben nur Gültigkeit für die unterstrichenen Züge und halten dieselben auch am Kaiserwege.

Fahrplan

der

Mindener Straßenbahn-Gesellschaft

vom 1. Oktober 1903 bis einschl. 30. April 1904.

A. An Wochentagen.

Ab Minden: 5^{50} 6^{50} 8^{00} 9^{30} 11^{15} 12^{15} 1^{10} 2^{05} 3^{05} 4^{15} 5^{15} 6^{20} 7^{30}

Ab Porta: 6^{20} 7^{25} 9^{00} 10^{45} 11^{45} 12^{45} 1^{35} 2^{35} 3^{45} 4^{45} 5^{50} 7^{00} 8^{10}

B. An Sonn- und Feiertagen.

Ab Minden: 8^{20} 9^{45} 11^{35} 12^{45} 1^{30} 2^{00} 2^{35} 3^{05} 3^{40} 4^{10} 5^{05} 5^{45} 6^{20} 7^{00} 7^{30} 8^{00}

Ab Porta: 9^{10} 11^{00} 12^{15} 1^{30} 2^{00} 2^{35} 3^{05} 3^{40} 4^{10} 5^{05} 5^{45} 6^{20} 7^{00} 7^{30} 8^{00} 8^{40}

Haltestellen sind:

Schwanenteich, Wasserwerk, Bad Zollern, Barkhausen (Weber).

Arbeiter-Fahrkarten haben nur Gültigkeit für die unterstrichenen Züge; letztere halten außer an vorstehenden Haltestellen noch in Barkhausen (Menke).

Die Züge 12^{45} ab Porta und 1^{10} ab Minden (Schülerzüge) halten nur an den rot unterstrichenen Haltestellen.

J. C. C. Brunk, Minden.

Hagans-Dampfloks in Minden

Doch noch werden keine Dampflokomotiven verschrottet. Vielmehr nimmt ihre Zahl in Minden auf Kleinbahngleisen gegen Ende des Jahrhunderts zu. Und sie kommen alle von Hagans aus Erfurt. Von dieser Firma, die von 1872 bis 1928 Lokomotiven baute und zu den kleineren Werken in dieser einstmals bedeutenden Branche des deutschen Maschinenbaus gehörte, stammen nicht nur die vier Maschinen der Dampfstraßenbahn Minden–Porta. Vielmehr entscheiden sich auch die 1896 gegründeten Mindener Kreisbahnen für Erfurter Maschinen. Bis 1908 erwirbt die MKB neun Lokomotiven der Achsfolge B, B1 und C1. Mehr als ein Dutzend meterspuriger Hagans-Lokomotiven dampften zeitweise in Minden und Umgebung.

Letzte Straßenbahn-Dampflok von Hanomag

Die Beschaffung von Fahrzeugen für die Mindener Dampfstraßenbahn endet 1908 mit dem Ankauf einer weiteren fabrikneuen Lokomotive. Diesmal ist es eine C-gekuppelte, also mit drei Treibachsen versehene, die unter der Fabriknummer 5324 von Hanomag in Hannover gebaut wurde. Die knapp fünf Meter lange Maschine heißt »Porta« (zweite Besetzung), so daß die Endpunkte der Bahn wieder als Lokomotivnamen vorkommen.

Fahrpläne: Staatsarchiv Detmold

Sammlung D. Höltge

Technische Daten der Dampflokomotive »Porta«

Bauart	C n2t	Wasser	1,8 cbm
Hersteller	Hanomag, Hannover	Kohlen	0,3 t
Fabriknummer	5324	Leergewicht	16,0 t
Baujahr	1908	Dienstgewicht	19,7 t
Zylinder-Ø	285 mm	Größte Länge	4 985 mm
Kolbenhub	370 mm	Größte Höhe	1 300 mm
Rad-Ø	800 mm	Größte Breite	2 200 mm
Gesamt-Achsstand	1 900 mm	Rostfläche	0,735 qm
Kesseldruck	13 atü	Heizfläche	36,8 qm

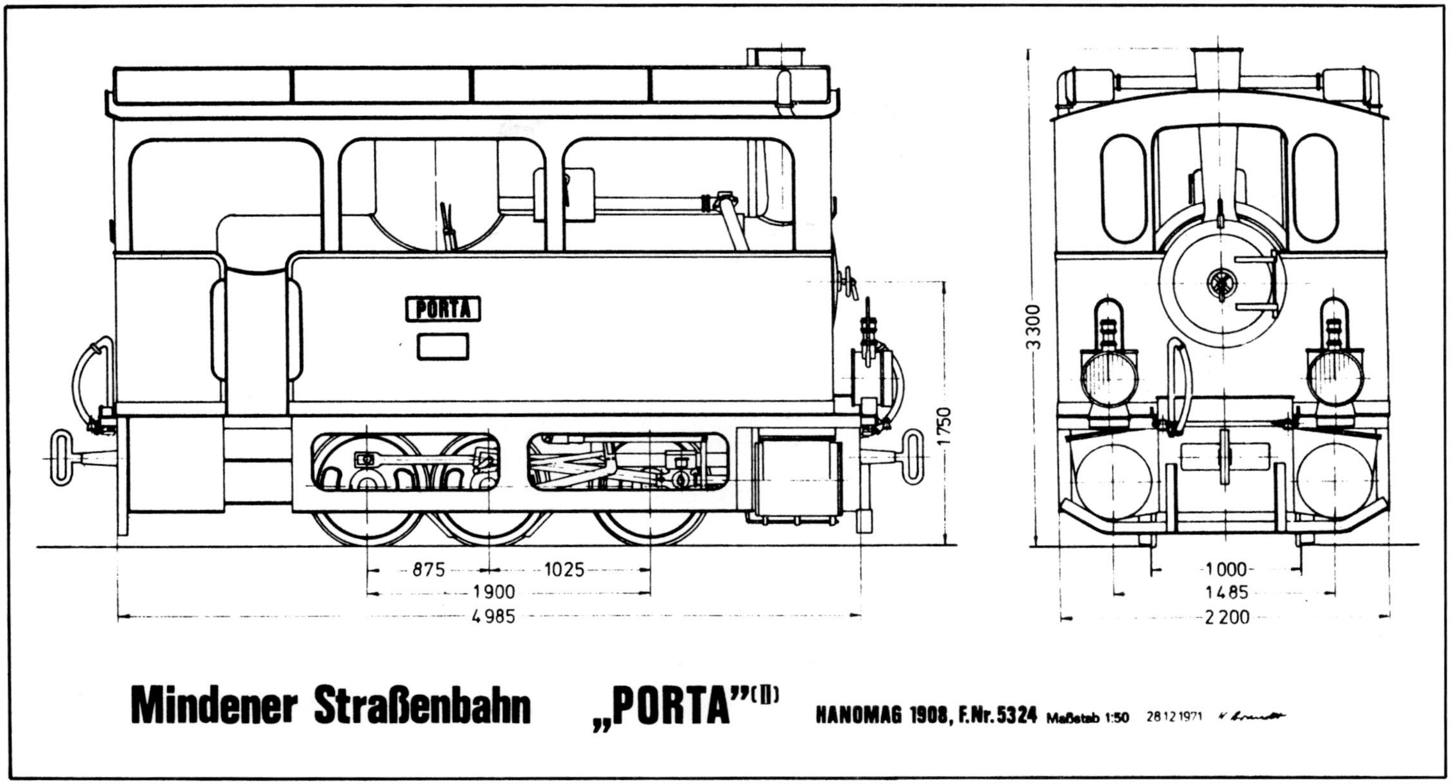

Zeichnung: H. Brandt

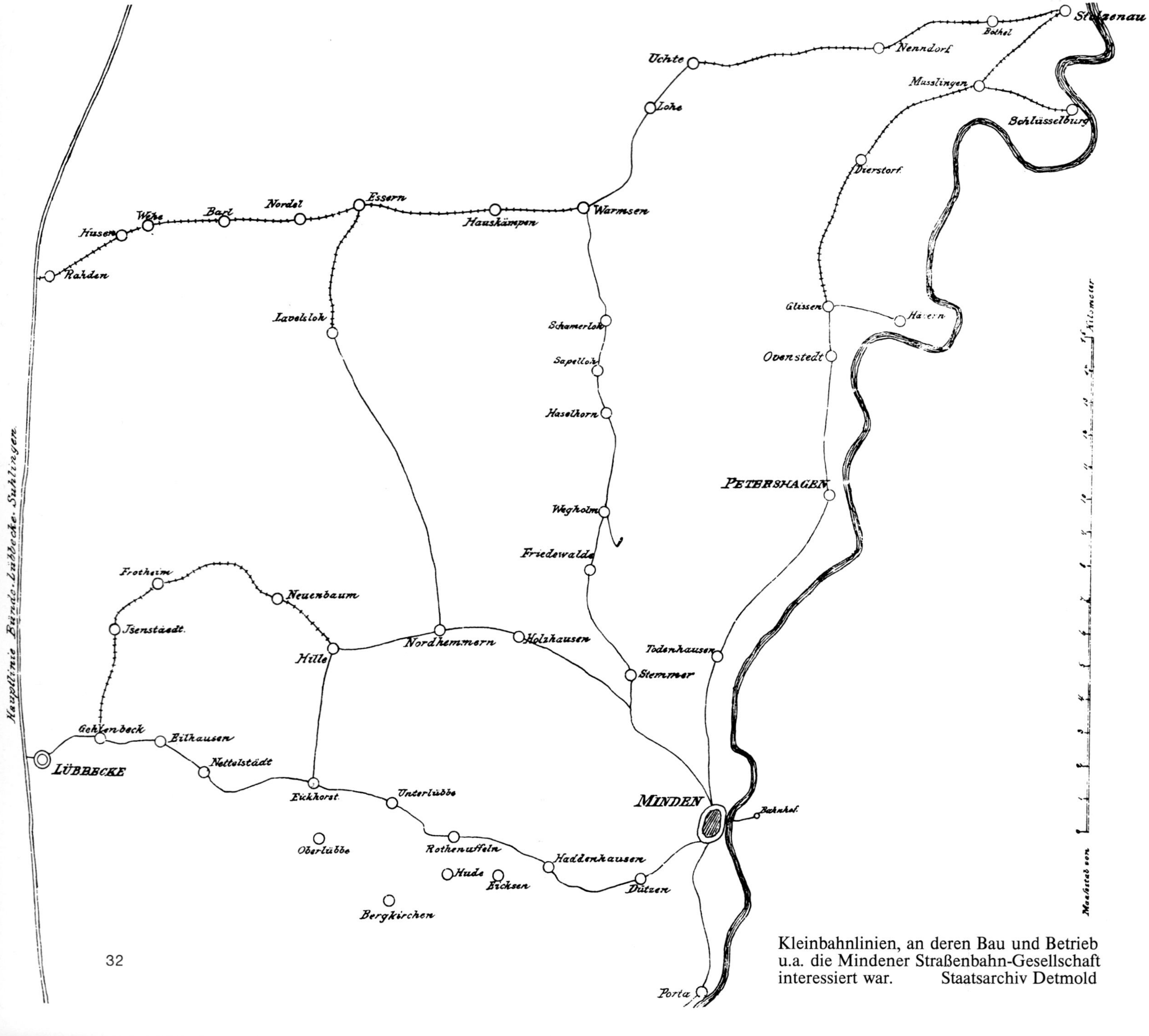

Kleinbahnlinien, an deren Bau und Betrieb u.a. die Mindener Straßenbahn-Gesellschaft interessiert war. Staatsarchiv Detmold

f) Große Pläne und ein Netz der Mindener Kreisbahnen

In den Verwaltungsberichten der Jahre 1890 bis 1893 hat der Magistrat der Stadt Minden die wirtschaftliche Bedeutung von Klein- und Privatbahnen hervorgehoben, zu denen auch die Straßenbahn Minden zählt:

„Hängt doch das wirthschaftliche Aufblühen aller Landestheile, welche nicht von Vollbahnen berührt werden, einzig und allein davon ab, daß derartige Verkehrsadern geschaffen werden, die zwar von untergeordneter Art sind, aber doch die bisher bestandenen Verkehrsvermittlungen wesentlich verbessern. Von diesen Gesichtspunkten ausgehend hat sich auch, alsbald nach Erlaß des vorbezeichneten (Kleinbahn-/d. Verf.) *Gesetzes hierselbst eine Straßenbahn-Gesellschaft gebildet, welche bereits die Straßenbahn Minden–Porta hergestellt und in Betrieb gesetzt hat, die thatsächlich einem großen Bedürfnis nicht nur im lokalen Interesse, sondern auch für den Fremdenverkehr entspricht.*

Wir geben uns der Hoffnung hin, daß hiermit der Anfang gemacht ist und daß sich hieran ein möglichst ausgedehntes Kleinbahnsystem anschließen wird, welches nicht bloss der Stadt Minden zu Gute kommt, sondern auch die ganze Umgegend wirthschaftlich heben wird…"

Es gibt keine Zweifel: die Stadt Minden würde ein größeres Netz von Klein- und Straßenbahnen in diesem Gebiet sehr begrüßen. Die »Mindener Straßenbahn-Gesellschaft« mit ihrer bisherigen Linie nach Porta ist dabei keineswegs untätig. In einer Denkschrift vom Mai 1893 „betreffend den Bau von Kleinbahnen in den Kreisen Minden, Lübbecke und Stolzenau" äußert sie sich sehr selbstbewußt und überzeugt von der segensreichen Wirkung des Privatkapitals folgendermaßen:

„Geleitet von der Überzeugung, daß der Bau und Betrieb eines jeden Unternehmens um so kostspieliger werde, je größer die Gesellschaften sind und daß der Privatmann am billigsten arbeiten kann, beschränkt sie (die Mindener Straßenbahn-Gesellschaft/d. Verf.) *ihre Thätigkeit auf das Gebiet zwischen der demnächstigen Normalspurbahn Lübbecke – Rahden – Sulingen, dem Wiehengebirge, der Weser und einer Linie von Rahden über Uchte nach Stolzenau.*

Dieses Gebiet ist leicht zu übersehen und das darauf sich entwickelnde Bahnnetz leicht zu verwalten, um so leichter als unsere Gesellschaft bereit ist, die Gemeinden bezw. deren Eingesessene durch Uebernahme von Aktien sowie durch einen Antheil am Reingewinn an Vortheilen theilnehmen zu lassen und dieselbe dadurch mit dem Wohl und Wehe unseres Unternehmen auf's engste zu verknüpfen. (…)"

Die Straßenbahn-Gesellschaft hat schon ganz konkrete Vorstellungen von einem Kleinbahnnetz und dessen Baukosten.

A. Minden–Rothenuffeln–Lübbecke Bahnhof
23,0 km — 460 000 Mark

B. Gehlenbeck–Isenstedt–Frotheim–Hille–Nordhemmern–Südhemmern–Holzhausen–Stemmer–Minden
30,5 km — 610 000 Mark

C. Stemmer–Friedewalde–Sapelloh–Warmsen–Uchte
17,0 km — 340 000 Mark

D. Nordhemmern–Lavelsloh–Essern–Nordel–Wehe–Rahden
25,0 km — 500 000 Mark

Diese Kleinbahnlinien sollten Zubringer zu den bestehenden oder noch zu bauenden staatlichen Normalspurbahnen Köln–Minden–Hannover (1847), Bünde–Lübbecke–Rahden (1899) sowie Rahden–Uchte–Nienburg (1910) sein.

Eine der neuen von Hagans in Erfurt für die anfangs ebenfalls meterspurigen Mindener Kreisbahnen gebauten Dampflokomotiven war auch die hier abgebildete Nummer 6.

Sammlung Schütte

Netz der „Mindener Kreisbahnen"

Aber nicht nur die Stadt Minden und die Straßenbahn-Gesellschaft, sondern auch der Kreis Minden zeigt inzwischen Interesse an der Errichtung eines Kleinbahnnetzes. Und es wird schließlich auch der Kreis sein, der eine Kleinbahnlinie - anfangs ebenfalls in Meterspur - bis über die Kreisgrenzen hinaus führt (Eröffnung der Linie Minden-Uchte 1898, Minden-Lübbecke 1903/07, Kutenhausen-Wegholm 1915, Minden-Kleinenbremen 1918/21).

Doch die Straßenbahn-Gesellschaft dachte nicht nur an Kleinbahnlinien quer durch das Kreisgebiet, sondern auch an eine innerstädtische Verbindung der Straßenbahn Minden-Porta zum Bahnhof der Coeln-Mindener Eisenbahn. Im März 1893 legt sie einen Plan „zur Anlage einer Straßen-(Klein-)Bahn von der Lindenstraße zu Minden im Anschluß an die Straßenbahn Minden-Porta zum Bahnhofe Minden" vor und ersucht um Genehmigung. Kostenvoranschlag: 75 000 Mark für eine eingleisige Strecke über den Markt, durch die Hohn- oder Scharnstraße und die Bäckerstraße zum Bahnhofsgebiet - betrieben nicht mit Dampflokomotiven, sondern mit Pferden!

Und dieses ist keineswegs der erste Versuch, eine Pferdebahn durch Minden zu bauen. Das erste Unterfangen dieser Art datiert schon gut zehn Jahre früher.

Fahrplan der Straßenbahn Minden.

Gültig vom 1. Oktober 1914 bis einschließlich 31. März 1915.

A. An Wochentagen.

1	3	5	7	9	11	13	15	17 Gültig für Arbeiter-fahrkarten	19 Gültig für Arbeiter-fahrkarten	km				km	2 Gültig für Arbeiter-fahrkarten	4 Gültig für Arbeiter-fahrkarten	6	8	10	12	14	16	18	20
5^{45}	6^{45}	8^{00}	11^{00}	12^{15}	1^{50}	3^{00}	5^{20}	6^{20}	7^{30}	0	ab	Minden	an	5,2	6^{40}	7^{50}	9^{25}	12^{10}	1^{45}	2^{55}	5^{15}	6^{15}	7^{25}	8^{35}
5^{48}	6^{48}	8^{03}	11^{03}	12^{18}	1^{53}	3^{03}	5^{23}	6^{23}	7^{33}	0,4		Schwanenteich		4,8	6^{37}	7^{47}	9^{22}	12^{07}	1^{42}	2^{52}	5^{12}	6^{12}	7^{22}	8^{32}
5^{52}	6^{52}	8^{07}	11^{07}	12^{22}	1^{57}	3^{07}	5^{27}	6^{27}	7^{37}	1,1		Wasserwerk		4,1	6^{33}	7^{43}	9^{18}	12^{03}	1^{38}	2^{48}	5^{08}	6^{08}	7^{18}	8^{28}
5^{54}	6^{54}	8^{09}	11^{09}	12^{24}	1^{59}	3^{09}	5^{29}	6^{29}	7^{39}	1,6		Lübbeckerstraße (nach Bedarf)		3,6	6^{31}	7^{41}	9^{16}	12^{01}	1^{36}	2^{46}	5^{06}	6^{06}	7^{16}	8^{26}
5^{59}	6^{59}	8^{14}	11^{14}	12^{29}	2^{04}	3^{14}	5^{34}	6^{34}	7^{44}	2,6		Bad Zollern		2,6	6^{26}	7^{36}	9^{11}	11^{56}	1^{31}	2^{41}	5^{01}	6^{01}	7^{11}	8^{21}
6^{06}	7^{06}	8^{21}	11^{21}	12^{36}	2^{11}	3^{21}	5^{41}	6^{41}	7^{51}	4,35		Barkhausen		0,85	6^{19}	7^{29}	9^{04}	11^{49}	1^{24}	2^{34}	4^{54}	5^{54}	7^{04}	8^{14}
6^{10}	7^{10}	8^{25}	11^{25}	12^{40}	2^{15}	3^{25}	5^{45}	6^{45}	7^{55}	5,2	an	Porta	ab	0	6^{15}	7^{25}	9^{00}	11^{45}	1^{20}	2^{30}	4^{50}	5^{50}	7^{00}	8^{10}

B. An Sonn- und Feiertagen.

1	3	5	7	9	11	13	15	km				km	2	4	6	8	10	12	14	16
8^{00}	10^{00}	12^{30}	2^{00}	3^{00}	4^{20}	6^{20}	7^{40}	0	ab	Minden	an	5,2	9^{55}	12^{25}	1^{55}	2^{55}	4^{05}	6^{15}	7^{25}	8^{55}
8^{03}	10^{03}	12^{33}	2^{03}	3^{03}	4^{23}	6^{23}	7^{43}	0,4		Schwanenteich		4,8	9^{52}	12^{22}	1^{52}	2^{52}	4^{02}	6^{12}	7^{22}	8^{52}
8^{07}	10^{07}	12^{37}	2^{07}	3^{07}	4^{27}	6^{27}	7^{47}	1,1		Wasserwerk		4,1	9^{48}	12^{18}	1^{48}	2^{48}	3^{58}	6^{08}	7^{18}	8^{48}
8^{14}	10^{14}	12^{44}	2^{14}	3^{14}	4^{34}	6^{34}	7^{54}	2,6		Bad Zollern		2,6	9^{41}	12^{11}	1^{41}	2^{41}	3^{51}	6^{01}	7^{11}	8^{41}
8^{21}	10^{21}	12^{51}	2^{21}	3^{21}	4^{41}	6^{41}	8^{01}	4,35		Barkhausen		0,85	9^{34}	12^{04}	1^{34}	2^{34}	3^{44}	5^{54}	7^{04}	8^{34}
8^{25}	10^{25}	12^{55}	2^{25}	3^{25}	4^{45}	6^{45}	8^{05}	5,2	an	Porta	ab	0	9^{30}	12^{00}	1^{30}	2^{30}	3^{40}	5^{50}	7^{00}	8^{30}

Staatsarchiv Detmold

Deutlich am Ausgang des Marktes zu erkennen: links die Hohnstraße und rechts der Scharn, durch eine schmale Häuserzeile getrennt.

Sammlung D. Schmidt

Blick in die alte Bäckerstraße.

Sammlung H. Aster

2. Kapitel: Eine „Elektrische" zwischen Bahnhof und Porta

a) Vom Markt zum Bahnhof – als Pferdebahn vorgeschlagen

Im Jahre 1882 waren zwei Unternehmer der Eienbahnbaubranche an die Stadt Minden herangetreten mit der Frage, wie diese zur Anlage einer Pferdeeisenbahn stehe. Sie sollte vom Bahnhof bis zum Markt, eventuell sogar bis zum Königstor geführt werden. Der Mindener Magistrat signalisierte dem Projekt gegenüber großes Wohlwollen, besonders wegen der ungünstigen Lage des Bahnhofs außerhalb des Stadtzentrums. Im Verwaltungsbericht wird bemerkt:

„Wie wohl überall es als eine erfreuliche Verbesserung des öffentlichen Verkehrswesens begrüßt werden wird, wenn Einrichtungen getroffen werden, durch welche die Bequemlichkeit und die Schnelligkeit der Communikation zwischen der Bahnhofstation (als dem wichtigsten Verkehrspunkte) und dem Centrum eines Ortes gefördert wird, so ist dies hier um so mehr der Fall, als mit dem Bahnhofe zugleich ein ganzer Stadttheil (die Neustadt) räumlich durchaus isoliert und durch die beiden langen Brücken (mit ihrem scharfen Zugwinde) resp. dem Brückenkopf von der Altstadt getrennt sind."

Doch als großes Handikap für das Projekt erwies sich die Linienführung. Die Initiatoren wollten die Pferdebahn der Hauptverkehrsader folgen lassen; nur so wäre die Rentabilität des Unternehmens gewährleistet. Das bedeutete jedoch, daß nach der ohnehin schon schmalen Bäckerstraße die noch engere Hohnstraße bis zum Markt benutzt werden müßte. Die älteren Mindener erinnern sich noch, daß den heutigen Scharn einst eine Häuserzeile durchzog; sie trennte Scharn- und Hohnstraße und wurde nach ihrer Zerstörung 1945 nicht wieder aufgebaut.

Der Mindener Magistrat mußte sich mit Einwänden von Anliegern aus Bäcker- und Hohnstraße gegen das Pferdebahnprojekt beschäftigen. Die Verwaltung der Stadt wandte viel Mühe auf, um das wichtigste Gegenargument, die geringe Straßenbreite gefährde die Verkehrssicherheit, zu widerlegen. Es wurde darauf hingewiesen, daß man mit einer Bahn-Spurweite von 1 Meter auskommen und daß eine Straßenbahn der natürliche Regulator des öffentlichen Verkehrs sei, sie jedenfalls leichter zu berechnen wäre als die zahlreichen Fuhrwerke. Der Magistrat holte sogar Erkundigungen bei solchen Städten ein, deren Pferdeeisenbahnen durch enge Straßen führten. Das Ergebnis: Zwar sei die Anlage solcher Bahnen in breiteren Straßen vorzuziehen, doch besondere Unfälle habe es in den engen Straßen mit der Pferdebahn noch nirgends gegeben.

Insgesamt stand für den Magistrat außer Zweifel,
„... daß die schlimmen Zustände des Fuhrverkehrs, wie sie in der Bäcker- und Hohnstraße sich bisher sehr häufig geltend gemacht haben, nicht nur durch die Pferdebahn und deren Betrieb nicht verschlimmert, sondern zum Theil wesentlich verbessert werden."

Ganz abgesehen davon, daß für die Öffentlichkeit, hinter der die Einzelinteressen zurückzutreten hätten, eine „ebenso angenehme wie erwünschte Verkehrsgelegenheit geschaffen wird".

Pferde-Omnibus statt Bahn

Trotz dieser eindeutig positiven Stellungnahme des Magistrats der Stadt Minden wurde die Pferdebahn nicht gebaut; denn auch die Aufsichtsbehörde machte Bedenken wegen der Verkehrssicherheit bei den streckenweise sehr engen Straßen geltend. Statt der Pferdeeisenbahn wurde vom 1. Dezember 1882 an eine regelmäßige „Omnibuslinie" zwischen Bahnhof und Markt durch den

Pferdeomnibus zwischen Markt und Bahnhof, hier am Klausenwall.

Kommunalarchiv Minden/ Sammlung H. Krumme

Fuhrbesitzer Büttner eingerichtet. Für 10 Pfennig pro Fahrt konnte man sich von da an in einer Pferdekutsche, die nicht schienengebunden war, transportieren lassen.

Das erste Pferdebahnprojekt Bahnhof – Markt war also schon Anfang der achtziger Jahre des vorigen Jahrhunderts in Minden auf und schnell wieder von dem Tisch. Und auch dem zweiten, 1893 von der Straßenbahn-Gesellschaft vorgelegten Anschluß-Projekt an ihre Porta-Linie war nur ein bedingter Erfolg beschieden: Der Gedanke einer Schienenverbindung zwischen der Stadtmitte und dem Bahnhof hielt sich hartnäckig; aber die Pferdebahn wurde inzwischen von der Dampf-, und die Dampf- von der elektrischen Straßenbahn überholt. Und Minden machte in dieser Entwicklung keine Ausnahme.

b) Aktionäre verkaufen Dampfstraßenbahn 1914 an die Stadt Minden – »Straßenbahn Minden G.m.b.H.« gegründet

Die Dampfstraßenbahn Minden–Porta fuhr nach den ersten Jahren mit stetig wachsenden Beförderungszahlen Anfang dieses Jahrhunderts in ein Tief ihrer Erträge. Sie landete zwar noch nicht in den roten Zahlen, aber im Jahre 1908 mußte man sich mit nur 2 593 Mark Reingewinn zufriedengeben; zehn Jahre zuvor waren es stolze 12 400 Mark mehr gewesen. Im folgenden pendelte sich die Summe bei rund 8 000 Mark jährlich ein, was auf Dauer nicht reichen konnte, ein attraktives Verkehrsmittel zu erhalten – attraktiv sowohl im Hinblick auf die Fahrgäste

Diese Weserbrücke entstand 1911–15 im Zuge der Straßenbahnlinie zum Bahnhof.

Sammlung A. Spühr

als auch (oder besser vor allem) in bezug auf die Aktionäre. Die privaten Geldgeber hatten ihre Kapitalanlage vielversprechend mit der Ausflugslinie Minden–Porta der Dampfstraßenbahn begonnen und sich, wie ihre Pläne zeigten, auf den Betrieb weiterer Bahnlinien durch ihre Gesellschaft eingerichtet. Der Besucherstrom zum Porta-Denkmal auf dem Wittekindsberg brachte ihnen anfangs auch die erhoffte gute Dividende; aber an weitere Strecken war vorerst nicht zu denken. Die Kommunen und Landkreise schalteten sich landauf, landab in die Verkehrsentwicklung ein und gründeten selbst Eisenbahngesellschaften zum Bau und Betrieb von Klein- und Straßenbahnen. So verhielt man sich auch im Kreise Minden. Statt der schon bestehenden Straßenbahn-Gesellschaft die Anlage eines Meterspurnetzes zu übertragen, eröffnete der Kreis selbst die »Mindener Kreisbahnen« für Personen- und Güterverkehr.

Blieb nur noch die Hoffnung auf die projektierte Stadtstrecke der Straßenbahn zum Bahnhof, die aber in der Planung nicht so recht weiterkam. Das einzige, was inzwischen so gut wie feststand, war die Absicht, statt der Pferdebahn eine „Elektrische" zu bauen.

Stadt bezahlte 177 500 Mark

In diesem zweiten Jahrzehnt ihres Bestehens machten sich die ersten Verschleißerscheinungen an den Betriebsmitteln der Mindener Straßenbahn bemerkbar. So mußten beispielsweise 1908 die beiden Lokomotiven »Hausberge« und »Westfalen« gründlich instandgesetzt werden, was 11 500 Mark verschlang. Für die Gleisanlagen wurden fast ebensoviele Ausgaben fällig. Das Interesse der Aktionäre an ihrer Bahn ließ merklich nach, so daß sie 1914 die private Dampfstraßenbahn der Stadt Minden verkauften – mit allen Aktiva und Passiva unter Ausschluß der Liquidation für 177 500 Mark.

Die Stadt war inzwischen (nach dem Kreis) den Elektrizitätswerken Minden-Ravensberg (EMR) als Gesellschafterin beigetreten – eine günstige Ausgangsbasis für die Anlage des modernsten Verkehrsmittels, das in den letzten Jahren entwickelt worden war, für eine **elektrisch** betriebene Straßenbahn.

Es gab schon eine ganze Reihe von Städten, die ihre anfängliche Pferdebahn – zumeist als Verbindung von Stadt und Staatsbahnhof angelegt – auf elektrische Antriebsart umstellten bzw. beide vorerst nebeneinander auf verschiedenen Strecken nutzten, z. B. Hannover (1872/1893). Nur ganz wenige Kommunen setzten von Anfang an auf die Elektrizität wie Bielefeld oder Paderborn (beide 1900). Relativ selten war zu dieser Zeit auch noch die – wie in Minden geplante – Umstellung von Dampf auf Oberleitung. Die Dürener Eisenbahn wagte 1913 dieses Experiment.

Neubau der Weserbrücke stoppte Straßenbahnprojekt

Im Zuge der Elektrifizierung und Streckenverlängerung, über deren Linienführung durch die Stadt es schon viele Diskussionen gab und noch geben wird, wie wir später berichten wollen, stellt sich ein gravierendes Problem in den Weg: die Weserbrücke, die zwar erst 1874 neu errichtet worden war, bei deren Bau jedoch noch niemand an eine eventuelle Schienenverbindung außerhalb der gerade vom Festungsgürtel befreiten Stadt gedacht hatte. Die Weserstrombehörde mußte das Brückenbauwerk 1907/08 auf seine Eignung prüfen und kam zu dem Schluß, daß allenfalls zwei Straßenbahnfahrzeuge von der Brücke getragen werden könnten. Folglich stoppte der Mindener Magistrat 1909 die Vorbereitungen für eine Strecke zum Bahnhof und nahm erst einmal den Brückenneubau über die Weser in Angriff. 1911 wird mit den Bauarbeiten begonnen, die sich über vier Jahre hinziehen. Im Mai 1915 steht sie fertig. Zwei Gleise der Straßenbahn sind in der Fahrbahnmitte vorgesehen.

Große Baumaßnahmen in Minden

In den Jahren 1915/16 kann übrigens in Minden trotz des inzwischen andauernden Ersten Weltkrieges ein weiteres Brückenbauprojekt über die Weser vollendet werden: die Kanalüberführung. 1915 geht der westliche Teil des Weser-Ems-Kanals, des heutigen Mittellandkanals, einschließlich der Schachtschleuse, in Betrieb; ein Jahr später auch der östliche Abschnitt der Wasserstraße nach Hannover.

In den vorangegangenen Jahrzehnten hat es eine Reihe weiterer bedeutender Baumaßnahmen in der Stadt gegeben, z. B. 1888 die Einrichtung eines Wasserwerkes, das sich in unmittelbarer Nähe des Straßenbahndepots – auf alten Stadtplänen »Maschinenhaus« genannt – etwas abseits der Portastraße befindet, oder Schulbauten wie 1879 die Volksschule Rodenbeck, 1880 Gymnasium an der Immanuelstraße, 1894 Höhere Töchterschule sowie die Volksschule Heidestraße. 1908 wird das Stadttheater neben der »Tonhalle« (Endhaltestelle der Straßenbahn) eröffnet, wo während der letzten 30 Jahre das Mindener „Kulturleben" stattgefunden hatte.

Schon 1889/90 war die Bunte Brücke über die Weserwiesen abgebrochen und neu errichtet worden. Sie genügte im Gegensatz zur benachbarten Weserbrücke den Anforderungen des Straßenbahnverkehrs und mußte erst zu einem späteren Zeitpunkt (1929) verbreitert werden.

»Straßenbahn Minden G.m.b.H.« gegründet

Die Stadt Minden gründet zusammen mit dem Elektrizitätswerk Minden-Ravensberg und der Provinz Westfalen am 26. März 1914 die »Straßenbahn Minden G.m.b.H.«. Dazu heißt es im Gesellschaftsvertrag u. a.:

§ 2
Gegenstand des Unternehmens ist der Bau und Betrieb einer elektrischen Straßenbahn vom Staatsbahnhof in Minden bis zur Porta Westfalica unter Übernahme der vorhandenen Dampfstraßenbahn, sowie der Bau und Betrieb etwaiger weiterer Straßenbahnen oder die Beteiligung an solchen Unternehmen.

§ 3
Das Stammkapital beträgt 250 000 Mark.

§ 4
Beteiligung
Auf das Stammkapital leisten als Stammeinlagen:

Der Provinzialverband der Provinz Westfalen	*50 000 Mark*
Stadt Minden	*100 000 Mark*
EMR Herford	*100 000 Mark*

c) Krieg verhindert Elektrifizierung und neue Strecke

Die Arbeiten an der Weserbrücke gehen weiter voran, als die Straßenbahn die Besitzer wechselt; in gut einem Jahr wird sie fertig sein. Es ist an der Zeit, die endgültige Linienführung der Straßenbahn zum Bahnhof zu klären. Schon einmal, beim Pferdebahnprojekt von 1882, hat man sich die Köpfe heiß darüber geredet, ob Schienen durch die enge Hohn- oder Scharn- bzw. Bäckerstraße gelegt werden können.

Die Hohnstraße hat als Hauptgeschäftsstraße von Minden zu beiden Seiten vielbesuchte Läden. Fuhrwerke und Fußgänger benutzen fast ausschließlich diesen oberhalb des Scharns gelegenen Fahrdamm zwischen Markt und

Blick durch die schmale Hohnstraße in Richtung Poos.
Sammlung D. Schmidt

Der Markt wird zum neuen Ausgangspunkt der beiden ineinander übergehenden Linien zum Bahnhof und nach Porta. Die Aufnahme entstand etwa 1922 und läßt einen abgestellten Winterwagen der Dampfstraßenbahn erkennen.
Sammlung A. Spühr

Bäckerstraße. Hier liegen auch, bis auf eine einzige Ausnahme, die Ausgänge aller westlichen Häuser des Scharns. Man kann sie sich so ähnlich wie ein Hochparterre vorstellen. Zudem gibt es auf der östlichen Seite der Scharnstraße nur wenige Geschäfte, so daß der Verkehr hier relativ gering ist und dieser ruhige Straßenzug dem anderen für eine Bahnlinie vorzuziehen wäre.

Die Anlieger sehen das freilich anders. Sie richten entsprechende Eingaben an die Stadt, denen der Magistrat entgegenhält:

„Zudem muß man berücksichtigen, daß das enge Stück der Straße nur eine Länge von etwa 70 m hat, daß die auf dieser Strecke etwa befindlichen Fuhrwerke sowohl vom Markt, wie

auch von der Bäckerstraße her den einfahrenden Straßenbahnwagen früh genug sehen können, so daß sie an der breiteren Stelle halten, oder aber die Straße früh genug verlassen können ..."

Eine dritte Variante, die Straßenbahn von der Lindenstraße ausgehend zum Markt und dann durch die Vinckestraße zum Wesertor zu führen, lehnt der Magistrat mit der Begründung ab, diese Straße werde niemals eine einträgliche Geschäftsstraße, die Fahrgäste anlocke. Damit sei dieser Vorschlag als unrentabel zu betrachten und abzulehnen.

Markt statt Lindenstraße genehmigt

Man entscheidet sich für den Scharn und damit zugleich für eine andere Linienführung der Strecke nach Porta innerhalb der Stadt. Der Markt soll zum Ausgangspunkt beider ineinander übergehenden Linien und dementsprechend mit Ausweichgleisen angelegt werden. Von dort aus will man dann nicht weiter über die Lindenstraße, sondern die Simeonsstraße in Richtung Porta fahren.

Eine schon vorliegende Genehmigung für eine Streckenführung von der Lindenstraße aus zum Staatsbahnhof Minden vom Juni 1914 wird damit hinfällig. Am 26. Juni 1915 veröffentlicht die Regierung im Mindener Amtsblatt folgende Urkunde:

„Nachdem die der Straßenbahngesellschaft A.G. in Minden gehörige Dampfstraßenbahn Minden–Porta durch Kauf in das Eigentum der GmbH ‚Straßenbahn Minden' hierselbst übergegangen ist und nachdem beschlossen worden ist, an Stelle des Dampfbetriebes den elektrischen Betrieb einzuführen und die bisherige Linienführung in der Stadt Minden zu ändern, wird im Einvernehmen mit der Kgl. Eisenbahndirektion Hannover die Straßenbahn Minden–Porta vom 12. Mai 1893 ... aufgehoben.

Gleichzeitig wird der ‚Straßenbahn Minden GmbH' hierselbst zur Herstellung und zum Betriebe einer für den Personen- und Gepäckverkehr bestimmten, mittels elektrischer Kraft zu betreibenden Bahn in 1 m-Spurweite vom Marktplatz hierselbst ... durch die Obermarkt- und Simeonsstraße über die Provinzialstraße Minden–Porta bis zum Kaiserhof in Porta ... die Genehmigung erteilt.
Ferner wird hierdurch der Zusammenschluß und der einheitliche Betrieb der Strecke Minden (Marktplatz) – Porta mit der Linie Minden-Bahnhofsvorplatz – Marktplatz hierdurch genehmigt."

Eigentlich steht dem Aus- und Umbau der Straßenbahn Minden nichts mehr im Wege. Acht Motorwagen werden bei der Waggonfabrik Gottfried Lindner, Ammendorf bei Halle (Saale), in Auftrag gegeben, die elektrische Ausrüstung bei der AEG in Berlin bestellt. Doch dann bricht der Erste Weltkrieg aus, und das ganze Unternehmen kommt zum Stocken. Der eintretende Kupfermangel läßt eine Elektrifizierung der Strecke überhaupt nicht zu. Die Straßenbahn-Gesellschaft muß 1915 bei der Regierung um Fristverlängerung für den Bau der Linie zum Bahnhof nachsuchen. 1916 wird im Amtsblatt bekanntgegeben, daß „längstens 18 Monate nach Kriegsende" die neue Strecke einzurichten sei. Die alte Dampfstraßenbahn muß weiterfahren.

Einschränkungen während des Krieges

Mit fünf Dampflokomotiven, zehn geschlossenen und sechs Sommerwagen hat die Straßenbahn den Verkehr in den Kriegsjahren zu bestehen. Zwei Maschinen müssen 1915/16 wieder gründlich überholt werden; aber reparaturbedürftige Fahrzeuge sind nicht die einzige Erschwernis, unter der man zu leiden hat. Fehlendes Material für nötige Erneuerungsarbeiten und Mangel an Betriebsmitteln machen es nicht einfach, den Verkehr ordnungsgemäß aufrecht zu halten.

Fahrplan der Straßenbahn Minden.

Gültig vom 1. April 1918 bis 30. September 1918.

A. An Wochentagen.

1	3	5	7	9	11	13	15	17	19	21 Gültig für Arbeiterfahrkarten	km		
5^{45}	6^{50}	8^{00}	9^{30}	11^{15}	12^{15}	2^{00}	3^{00}	5^{15}	6^{20}	7^{30}	0	ab	Minden
5^{48}	6^{53}	8^{03}	9^{33}	11^{18}	12^{18}	2^{03}	3^{03}	5^{18}	6^{23}	7^{33}	0,4	↓	Schwanenteich
5^{52}	6^{57}	8^{07}	9^{37}	11^{22}	12^{22}	2^{07}	3^{07}	5^{22}	6^{27}	7^{37}	1,1	↓	Wasserwerk
5^{54}	6^{59}	8^{09}	9^{39}	11^{24}	12^{24}	2^{09}	3^{09}	5^{24}	6^{29}	7^{39}	1,6	↓	Lübbeckerstraße (nach Bedarf)
5^{59}	7^{04}	8^{14}	9^{44}	11^{29}	12^{29}	2^{14}	3^{14}	5^{29}	6^{34}	7^{44}	2,6	↓	Bad Zollern
6[illegible]	7^{11}	8^{21}	9^{51}	11^{36}	12^{36}	2^{21}	3^{21}	5^{36}	6^{41}	7^{51}	4,35	↓	Barkhausen
6^{10}	7^{15}	8^{25}	9^{55}	11^{40}	12^{40}	2^{26}	3^{25}	5^{40}	6^{45}	7^{55}	5,2	an	Porta

		km	2	4 Gültig für Arbeiterfahrkarten	6	8	10	12	14	16	18	20	22
Minden	an	5,2	6^{45}	7^{50}	9^{25}	11^{10}	12^{10}	1^{50}	2^{55}	5^{10}	6^{15}	7^{25}	8^{45}
Schwanenteich	↑	4,8	6^{43}	7^{47}	9^{22}	11^{07}	12^{07}	1^{47}	2^{52}	5^{07}	6^{11}	7^{21}	8^{41}
Wasserwerk	↑	4,1	6^{38}	7^{43}	9^{18}	11^{03}	12^{03}	1^{43}	2^{48}	5^{03}	6^{08}	7^{18}	8^{38}
Lübbeckerstraße (nach Bedarf)	↑	3,6	6^{36}	7^{41}	9^{16}	11^{01}	12^{01}	1^{41}	2^{46}	5^{01}	6^{06}	7^{6}	8^{36}
Bad Zollern	↑	2,6	6^{31}	7^{36}	9^{11}	10^{56}	11^{56}	1^{36}	2^{41}	4^{56}	6^{01}	7^{11}	8^{31}
Barkhausen	↑	0,85	6^{24}	7^{29}	9^{04}	10^{49}	11^{49}	1^{29}	2^{34}	4^{49}	5^{54}	7^{04}	8^{24}
Porta	ab	0	6^{20}	7^{25}	9^{00}	10^{45}	11^{45}	1^{25}	2^{30}	4^{45}	5^{50}	7^{00}	8^{20}

B. An Sonn- und Feiertagen.

1	3	5	7	8	* 9	9	10	11	13	15	16	17	18	km		
8^{0}	10^{00}	12^{30}	2^{00}	2^{30}	2^{59}	3^{00}	3^{40}	4^{10}	5^{20}	6^{20}	7^{00}	7^{30}	8^{00}	0	ab	Minden
8^{3}	10^{03}	12^{33}	2^{03}	2^{33}	—	3^{03}	3^{43}	4^{13}	5^{23}	6^{23}	7^{03}	7^{33}	8^{03}	0,4	↓	Schwanenteich
8^{07}	10^{07}	12^{37}	2^{07}	2^{37}	3^{06}	3^{07}	3^{47}	4^{17}	5^{27}	6^{27}	7^{7}	7^{37}	8^{7}	1,1	↓	Wasserwerk
8^{14}	10^{14}	12^{44}	2^{14}	2^{44}	3^{13}	3^{14}	3^{54}	4^{24}	5^{34}	6^{34}	7^{14}	7^{44}	8^{14}	2,6	↓	Bad Zollern
8^{21}	10^{21}	12^{51}	2^{21}	2^{51}	—	3^{21}	4^{01}	4^{31}	5^{41}	6^{41}	7^{21}	7^{51}	8^{21}	4,35	↓	Barkhausen
8^{25}	10^{25}	12^{55}	2^{25}	2^{55}	3^{24}	3^{25}	4^{05}	4^{35}	5^{45}	6^{45}	7^{25}	7^{55}	8^{25}	5,2	an	Porta

* fährt nur nach Bedarf.

		km	2	4	6	8	9	10	12	14	15	16	* 16	17	18	19
Minden	an	5,2	9^{55}	12^{25}	1^{55}	2^{55}	3^{25}	4^{05}	5^{15}	6^{15}	6^{45}	7^{25}	7^{26}	7^{55}	8^{25}	9^{10}
Schwanenteich	↑	4,8	9^{52}	12^{22}	1^{53}	2^{53}	3^{23}	4^{03}	5^{13}	6^{13}	6^{43}	7^{23}	7^{24}	7^{53}	8^{23}	9^{08}
Wasserwerk	↑	4,1	9^{48}	12^{18}	1^{49}	2^{49}	3^{19}	3^{59}	5^{09}	6^{09}	6^{39}	7^{19}	7^{20}	7^{49}	8^{19}	9^{04}
Bad Zollern	↑	2,6	9^{41}	12^{11}	1^{43}	2^{43}	3^{13}	3^{53}	5^{03}	6^{03}	6^{33}	7^{13}	7^{14}	7^{43}	8^{13}	8^{56}
Barkhausen	↑	0,85	9^{34}	12^{04}	1^{34}	2^{34}	3^{04}	3^{44}	4^{54}	5^{54}	6^{24}	7^{04}	7^{05}	7^{34}	8^{04}	8^{49}
Porta	ab	0	9^{30}	12^{00}	1^{30}	2^{30}	3^{00}	3^{40}	4^{50}	5^{50}	6^{20}	7^{00}	7^{01}	7^{30}	8^{00}	8^{45}

* fährt nur nach Bedarf.

Einer der letzen Fahrpläne der Dampfstraßenbahn, bevor die Linie elektrifiziert und zum Bahnhof geführt wird.
Staatsarchiv Detmold

Im Winterhalbjahr 1916/17 gibt es beispielsweise erhebliche Einschränkungen zwecks Einsparung von Brennstoffen und Beleuchtungsmitteln. Werden im Januar 1917 noch 22 Züge täglich gefahren, sind im nächsten Monat nur noch 15 Züge unterwegs. Statt 24 Zentner Kohle werden nur noch 20 Zentner im Februar benötigt, d. h. bei 31,7 Prozent geringerem Zugverkehr können 16,6 Prozent Brennstoff eingespart werden. Dafür gehen aber die Einnahmen aus dem Fahrkartenverkauf sofort um 40 Prozent zurück.

Die Fahrplanausdünnung wirkt sich zwangsläufig nicht nur ungünstig auf die Beförderungszahlen aus, sondern auch auf die Maschinen:

„An Wochentagen wird im Sommer wie Winter nur 1 Lok in Betrieb gehalten. Sie muß bei eingeschränktem Plan 2 x täglich 3 1/2 Std. in Porta stehen und unter Druck gehalten werden, um übermäßige Beschädigung des Dampfkessels zu vermeiden."

Lediglich an den Feiertagen zum Jahresende sind wegen des zu erwartenden hohen Benutzeransturms drei Lokomotiven im Einsatz.

Alt-Minden: Georg Lange, Hohnstraße 17.
Sammlung D. Schmidt

Fahrgastzahlen steigen wieder an

Die prompten Rückgänge des Personenaufkommens zu Kriegsbeginn und nach der Fahrplaneinschränkung sind allerdings nur vorübergehende Einbrüche: Die Belegung der Orte an der Porta mit Militär wirkt sich für die Straßenbahn recht günstig aus, so daß die Jahresergebnisse während des Krieges insgesamt als befriedigend angesehen werden können. Im ersten Geschäftsjahr der »Straßenbahn Minden GmbH« werden 841 802 Personen befördert bei einer Einnahme von 61 800 Mark, der Reingewinn beträgt 12 819 Mark.

Jahr	Beförderte Personen
1899	302 186
1905	306 282
1910	313 741
1913/14	337 546
1914/15	841 802
1915/16	561 885
1916/17	635 764
1917/18	775 995
1918/19	957 568

Der 1847 errichtete Staatsbahnhof Minden, ehe der Vorplatz abgesenkt und von der Straßenbahn (1920) befahren wurde.
Kommunalarchiv Minden

Die Übersicht verdeutlicht, welchen Zustrom die Straßenbahn während und nach Ende des Krieges erlebt. Glücklicherweise – denn die steigenden Einnahmen werden dringend für Unterhaltungsarbeiten benötigt. Die Bahn befindet sich in einem desolaten Zustand.

Abnahmefahrt der neuen Strecke zum Bahnhof. Der neue Triebwagen ist am 25. November 1920 am Wesertor eine vielbestaunte Attraktion.

Kommunalarchiv Minden

d) Am 8. Dezember 1920 erste elektrische Fahrt vom Bahnhof zur Porta

„Der schlechte Zustand der ganzen Bahnanlage, insbesondere der Lokomotiven und Wagen, ferner das allseitige Bestreben, nach dem … Ende des Krieges Arbeitsgelegenheit zu schaffen, und schließlich die Möglichkeit vom Reiche und vom Staat (Preußen/d. Verf.) *Beihilfen für diese Arbeiten zu bekommen, veranlaßten Geschäftsführung und Aufsichtsrat, zu Beginn des Geschäftsjahres, die durch den Kriegsausbruch 1914 aufgegebene Einführung des elektrischen Betriebes wieder aufzunehmen. Am 9. Mai 1919 beschloß der Aufsichtsrat erneut den Umbau."*

Es geht nun – wie dem eben angeführten Geschäftsbericht von 1919/20 zu entnehmen ist – endgültig voran, aber unter vielen Schwierigkeiten bei der Beschaffung von Material und Betriebsmitteln sowie mit starken finanziellen Belastungen bei beginnender Inflation.

Rechnet man im Frühjahr 1919 noch mit Baukosten in Höhe von 1,25 Millionen Mark, wird es im Zuge enormer Kostensteigerungen gut die dreifache Summe.

Baukapital

Es wurden aufgebracht

		Mark
1.	durch die Anleihe der Gesellschafter	
	a) der Stadt Minden	200 000
	b) des Kreises Minden	200 000
	c) EMR	200 000
	d) der Provinz Westfalen	100 000
2.	durch Anteile unter Bürgschaft der Stadt Minden	1 500 000
3.	des Kreises Minden	900 000
4.	durch Zuschüsse auf Grund der Erwerbskostenfürsorge	496 000
5.	noch zu erwartende Zuschüsse	100 000
	Rest von wird teilweise aus dem Erlös für Altmaterial gedeckt	134 000
		3 830 000

Als im Januar 1920 deutlich wurde, daß sich die Baukosten zu verdreifachen drohten, sah man sich vor die Frage gestellt, ob unter solchen Umständen eine Fortsetzung der Bauarbeiten sinnvoll wäre. Aber eine Aufgabe des Umbaus war zu diesem Zeitpunkt kaum noch möglich: Erstens mußten die bestellten Materialien, wie Schienen, Fahrzeuge und für eine neue Wagenhalle auf dem Betriebsbahnhof an der Portastraße abgenommen und bezahlt werden. Zweitens war mit den verfügbaren Betriebsmitteln die Dampfstraßenbahn über keinen längeren Zeitraum mehr funktionsbereit.

"Die Schwierigkeiten und wirtschaftlichen Schäden, die aus der Stillegung eines seit etwa 25 Jahren bestehenden Verkehrsunternehmens für die Stadt und die berührten Landgemeinden entstanden wären, veranlaßten uns nochmals, mit allen Mitteln nach einem Wege zu suchen, der den Umbau ermöglicht", bemerkt dazu die Straßenbahn GmbH und wendet sich – nachdem die Stadt bereits Anleihebürgschaften über 1,5 Millionen Mark übernommen hat – an den Kreis Minden. Als vierter Gesellschafter gibt er ebenso wie die Stadt, die Provinz und das EMR eine Anleihe und außerdem eine Anleihebürgschaft über 900 000 Mark (siehe vorstehende Übersicht).

Bahnhofslinie nur noch ein Versuch

Die Elektrifizierung ist gerettet und mit einigem Zittern und Bangen auch die Verlängerungsstrecke zum Bahnhof. Bei den ständig weiter davonlaufenden Preisen entschließt man sich zwecks Einsparung von Betriebsmitteln zur späteren Einführung eines 20-Minuten-Taktes, statt wie ursprünglich vorgesehen alle 10 Minuten zu verkehren. Darüber hinaus wird die Bahnhofslinie zu einem Versuch erklärt, über dessen Dauerhaftigkeit erst die Beförderungszahlen entscheiden sollen.

Die Leser des »Mindener Tageblattes« finden dazu am 17. August 1920 folgenden Artikel in ihrer Zeitung:

Von der elektrischen Straßenbahn.

In den letzten Tagen ist mit dem Verlegen der Gleise durch unsere Stadt begonnen worden. Der elektrische Betrieb soll, wenn die Lieferfirmen, insbesondere die Waggonfabrik die zuletzt angegebenen Termine endlich einhalten, im Oktober aufgenommen werden. Bereits im Mai v. Js. hat die aus der Stadt, der Provinz und dem Elektrizitätswerk Minden-Ravensberg bestehende Gesellschaft die durch den Krieg 1914 unterbrochenen Arbeiten wieder aufgenommen. Die Bahn sollte schon im Frühjahr dieses Jahres elektrisch vom Bahnhof bis zur Porta fahren. Allein die Lieferfirmen hielten die vertraglich vereinbarten Termine auch nicht annähernd, und es kamen manche andere Schwierigkeiten, insbesondere bei der Genehmigung seitens der Eisenbahndirektion hinzu, die eine Verzögerung verursachten. Die Bahn kommt damit unter den schwierigsten Verhältnissen ins Leben. Die Kosten, die 1914 etwa 450 000 M. betragen haben, sind heute auf mehr als das zehnfache gestiegen und allein die jährlichen Betriebskosten für Personal, Strom usw. werden bei den heutigen Löhnen so hoch, daß man eine Rentabilität nicht mehr erwarten darf. Die Schwierigkeiten der meisten Straßenbahnen, die dazu geführt haben, daß viele Bahnen in mittleren und kleinen Städten den Betrieb ganz einstellen mußten, hatten den Aufsichtsrat der Straßenbahn Minden noch in letzter Stunde veranlaßt, sich mit der Frage zu beschäftigen, ob nicht ein Aufgeben des ganzen Unternehmens richtiger wäre. Man ist in den Verhandlungen jedoch zu der Erkenntnis gekommen, daß die alte Strecke von der Porta zur Stadt wegen der vielen wirtschaftlichen Interessen, die sowohl die Stadt als die Außengemeinden an der Bahn haben, solange als irgend möglich betrieben werden muß, weil der indirekte Nutzen für die Bevölkerung aus dieser Bahn so groß ist, daß man den Ausfall der Rente damit rechtfertigen kann. Bezüglich der Strecke vom Bahnhof durch die Stadt hat man sich trotz der schlechten Aussichten und der ablehnenden Haltung der städtischen Kommission entschlossen, einen Versuch zu machen. Der größte Teil der Strecke vom Bahnhof bis zum Wesertor ist bekanntlich so gut wie fertig. Der Endpunkt der Portastrecke müßte ohnehin aus der Lindenstraße wegen der schlechten Beschaffenheit der Gleisanlage verlegt werden. Es blieb also das Stück vom Wesertor durch die Bäckerstraße bis zum Markt, wo jetzt mit den Arbeiten begonnen ist. Man will nun die von der Porta ankommenden Züge, die in Abständen von 20 Minuten fahren sollen, versuchsweise bis zum Bahnhof durchführen. Dadurch wird ein Wagenzug mehr im Betriebe sein und es werden für die Versuchszeit 2 Wagenführer und 4 Schaffner mehr gebraucht. Gelingt es, auf dieser Strecke die Betriebskosten zu decken, so kann man den Versuch als gelungen ansehen; gelingt es nicht, so muß dieser Teil des Betriebes wieder eingestellt werden, denn es sind von der Außenstrecke keine Ueberschüsse zu erwarten, die das Stück vom Bahnhof bis zum Markt etwa durchreißen könnten. Der 20-Minuten-Verkehr von Minden nach Porta und zurück bringt gegen jetzt eine wesentliche Besserung des Fahrplanes und wird von den Beteiligten jedenfalls begrüßt werden.

Es dauert noch knapp vier Monate, dann kann der erste fahrplanmäßige elektrische Zug am 8. Dezember 1920 die gesamte Strecke passieren, nachdem am 25. November deren landespolizeiliche Abnahme erfolgt ist. Die kurze Verzögerung der Inbetriebnahme wurde in Porta verursacht, wo der Endbahnhof erst fertig umgebaut sein mußte.

Einzige Notiz in der Presse anläßlich der Eröffnung der lapidare Satz, unter „Ortsberichten" zu finden: „Die elektrische Straßenbahn hat Mittwoch den Betrieb Staatsbahnhof Minden – Porta aufgenommen."

6,7 Kilometer zwischen Porta und Bahnhof

Die „Elektrische", wie sie von nun an jahrzehntelang bei den Mindenern heißt, verkehrt über nunmehr 6,7 Kilometer. Am Markt treffen sich die alte und die neue Linie, wobei auch die alte ein neues Stück bekommen hat: vom Markt führt sie nun die schmale Obermarktstraße hinauf zum Kaak an der Königstraße und von hier die noch engere Simeonsstraße wieder hinunter, an deren Häuserzeile einige Vorbauten der elektrischen Straßenbahn haben weichen müssen. Auf der Portastraße stößt sie etwa in Höhe des Garnisonslazaretts – heute Teil des Klinikums – auf die alte Linienführung nach Porta.

In die andere Richtung verlaufen die Gleise durch den Scharn zum Poos, dann durch die Bäckerstraße zum Wesertor, zweigleisig über die beiden Brücken die Viktoriastraße hinunter zum Bahnhofsvorplatz. Hier hatte sich in den vergangenen Jahren einiges getan. Der niveaugleiche Bahnübergang der Coeln-Mindener Eisenbahn mit der Viktoriastraße war mit zunehmendem Schienen- und Straßenverkehr nur eine unbefriedigende Lösung (10 bis 11mal, d. h. insgesamt 12 bis 14 Minuten pro Stunde geschlossen), so daß der Bahnhofsvorplatz abgesenkt wurde und eine Überführung der Viktoriastraße entstand.

Mit der elektrischen Straßenbahn vom Bahnhof bis Porta

Links: Drei Triebwagen am Hauptbahnhof Minden.

Sammlung A. Spühr

Unten links:
Triebwagen (Tw) 11 auf der Viktoriastraße am 5. Mai 1956.

Unten rechts:
Tw 5 und Tw 10 auf der Bunten Brücke (April 1957).

Fotos:
H. Solle/Sammlung Schütte

Ein in vieler Hinsicht bemerkenswertes Bild: Kein Verkehr auf der Kaiserstraße, nur der Tw 7 ist auf der Weserbrücke unterwegs. Diese mußte in den 70er Jahren wegen des ständig zunehmenden Individualverkehrs verbreitert werden. Das Denkmal des Großen Kurfürsten, das in der Zwischenzeit die Straßenseite gewechselt hatte, kehrte daraufhin in etwa an seinen damaligen Standort zurück.
Sammlung T. Ahlert

Tw 10 auf der Fahrt durch die weihnachtliche Bäckerstraße.

Sammlung T. Ahlert

Eng war's schon in der Scharnstraße, wenn die „Elektrische" unterwegs war. Hier der Tw 6 mit Reklame für die Mindener Messe.

Kommunalarchiv Minden

Postkartenansicht von der Südseite des Marktes.

Sammlung
A. Spühr

Der Tw 11 nimmt die Steigung der Obermarktstraße.

Foto: D. Höltge

Die drei Fotos von R. Todt (4. April 1959) zeigen die Straßenbahn am Kaak (links oben) und in der Simeonsstraße.

Tw 2 und Bw 104 auf der Portastraße (27. Dezember 1959) an der Abzweigung zum Depot.

Zugkreuzung an der Ausweiche Bad Zollern am 1. Mai 1955.

Fotos:
H. Solle/Sammlung Schütte

Drei-Wagen-Zug in Barkhausen am 1. Mai 1959.

Endhaltestelle Porta im Mai 1953.

Fotos:
H. Solle/Sammlung Schütte

Auf vier Gleise erweitert wurde der Endbahnhof Porta bei der Elektrifizierung im Jahre 1920. Das Nebeneinander von fabrikneuen Trieb- und Beiwagen sowie altem Wagenmaterial aus der Zeit der Dampfstraßenbahn rechtfertigt die Wiedergabe dieses Fotos trotz qualitativer Mängel.
Sammlung T. Ahlert

Fabrikneu präsentiert sich 1920 der Tw 1 den staunenden Mindenern.
Der Lyrabügel wurde später durch einen Scherenstromabnehmer ersetzt, der Zielanzeiger rutschte an die Stelle des Ausstellfensters.

Kommunalarchiv Minden

e) Die ersten elektrischen Fahrzeuge der Bahn

„Man kam zu dem Entschluß, den 10-Minuten-Verkehr in der Stadt aufzugeben und einen durchgehenden 20-Minuten-Verkehr vom Hauptbahnhof bis zur Porta zu versuchen. Bei diesem Fahrplan wurden von den ursprünglich bestellten 8 Motorwagen 3 im Werte von etwa M 800 000,– entbehrlich. Diese sollten entweder nicht abgenommen oder anderweit verkauft werden.
Aber auch damit waren die finanziellen Schwierigkeiten noch nicht zu überwinden. Der Preis eines Motorwagens, der vor dem Kriege etwa M 16 000,–, bei Bestellung im Mai 1919 etwa M 65 000,– betragen hatte, war auf etwa M 320 000,– gestiegen. Wir konnten mit den verfügbaren Mitteln selbst 5 Wagen nicht mehr bezahlen, brauchten diese aber unbedingt und mußten versuchen, bei den Lieferfirmen einen nennenswerten Nachlaß zu erreichen.
Durch das Eintreten des EMR als Muttergesellschaft der Straßenbahn gelang es, besonders bei den Siemens-Schuckert-Werken eine Ermäßigung der Preise für die Ausrüstungen um 20% durchzusetzen, wogegen das EMR der Firma umfangreiche Lieferungen in elektrischen Fabrikaten für seinen eigenen Bedarf zusicherte, und weiter die Bürgschaft für die Forderungen der S.S.W. an die Straßenbahn, die nicht verein-

Der wagenbauliche Teil der ersten Triebwagenserie (Betriebsnummern 1-7) stammt von der Firma Lindner in Ammendorf bei Halle, die elektrische Ausrüstung lieferten die Siemens-Schuckert-Werke in Berlin. Tw 2 am 8. März 1957, Endstation Nordfriedhof.

Foto: A. Spühr

barungsgemäß erfüllt werden können, übernahm, um überhaupt die Ablieferung der Wagen zu erreichen. Auch bei der Waggonfabrik gelang es, einen Nachlaß zu erzielen, so daß eine Verbilligung der Wagen um je M 45 000,– eintrat, und bei glatter Abwicklung der Baurechnungen, nach Eingang der Zuschüsse ... und dem Verkauf der freiwerdenden Lokomotiven und Altmaterialien ein Fehlbetrag voraussichtlich nicht bleiben wird."

Wie dieser Auszug aus dem Geschäftsbericht 1919/20 zeigt, sind die Schwierigkeiten enorm, die notwendigen elektrischen Straßenbahnfahrzeuge in Zeiten fortschreitender Geldentwertung nach dem Ersten Weltkrieg zu beschaffen.

Von der Waggonfabrik Lindner in Ammendorf bei Halle kommen schließlich am Abend des 25. Oktober 1920 vier der neuen Triebwagen auf dem Mindener Hauptbahnhof an, ein fünfter folgt später. Einem Zeitungsbericht entnehmen wir, daß die Fahrzeuge mit vier Pferden Vorspann zur Stadt und bis zum Simeonsplatz gebracht wurden. Beim Empfang der Wagen sei man einerseits von ihrem Gewicht beeindruckt gewesen, andererseits machten sie einen vorzüglichen Eindruck.

Von den ursprünglich bei der Waggonfabrik Lindner bestellten acht zweiachsigen Triebwagen werden im April 1922 zwei nachgeliefert, die wie die anderen auch schon

Rechts: Tw 3 am Markt, 8. März 1957. Typisch für die Mindener Straßenbahn ist die Werbefläche am Dach der Fahrzeuge.

Foto: A. Spühr

Unten: Tw 4 am 4. April 1959 an der Hufschmiede.

Foto: R. Todt

1920 gebaut wurden und deren elektrische Ausrüstung von den Siemens-Schuckert-Werken in Berlin stammt. Damit verfügt die Straßenbahn Minden über insgesamt sieben elektrische Triebwagen. Was aus dem achten geworden ist, konnte nicht festgestellt werden; jedenfalls hat ihn Minden nicht bekommen.

Neue Triebwagen - Alte Beiwagen

Betrachten wir die Fahrzeuge etwas genauer. Sie sind 11,5 Meter lang bei einem Achsstand von 3 m. Die 24 Sitzplätze sind aus Holz gefertigt. Der Fahrgastraum ist gegen die geschlossenen Plattformen mit Schiebetüren abgetrennt. Ein sogenannter Lyra-Bügel sorgt bis in die

Der Triebwagen 5 am Friedhof, 19. November 1958.

Foto: A. Spühr

dreißiger Jahre für die Stromabnahme, dann werden sie durch die bekannten Scheren-Stromabnehmer ersetzt.

Die Stirnfront der Triebwagen weist drei schmale Fenster auf, es folgt seitlich bis zu den Einstiegs-Schiebetüren jeweils ein Fenster auf den Plattformen. Der Fahrgastraum besitzt an jeder Seite vier gleich große Fenster. Von Anfang an war der Anstrich cremefarbig mit dunkler abgesetzten Zierleisten, zum Beispiel unterhalb der Fenster. Zu keiner Zeit haben die Mindener Straßenbahnfahrzeuge Liniennummern getragen, die Zielangaben waren zunächst auf dem Dach einer Stirnfront befestigt. Später fand man sie im mittleren Stirnfenster, dessen oberer Teil anfangs nach außen zu öffnen war.

Die neuen Tw erhielten die Betriebsnummern 1-7.

Mit einer Trompetenkupplung wurde die Verbindung zu den Beiwagen hergestellt. Doch, so muß man gleich hinzufügen, es hat neue, zu den Triebwagen passende Beiwagen erst von 1926 an gegeben. Die prekäre finanzielle Situation ließ eine Beschaffung vorher nicht zu. Man war froh, die unbedingt nötigen „Motorwagen" in Minden zu haben – und hängte die schon reichlich betagten Beiwagen der Dampfstraßenbahn an. Zehn Winterwagen standen auf diese Weise neben den genannten sieben Triebwagen bei Beginn des elektrischen Betriebes zur Verfügung.

Die Beiwagen hatten im Gegensatz zu den Triebwagen offene Plattformen. Sperrstangen oder Sperrketten sorgten für die Sicherheit der Fahrgäste.

Triebwagen 6 mit Beiwagen 105 kommt zum Dreiecksplatz, 27. Dezember 1959.

Foto:
H. Solle/Sammlung Schütte

Tw 7 wartet am 8. März 1957 auf Fahrgäste, die vom Hauptbahnhof in die Stadt fahren wollen.

Foto: A. Spühr

f) Pacht rettet Mindener Straßenbahn während Inflation

Zwischen 1914 und 1920 hat sich der Fahrpreis bei der Straßenbahn Minden langsam von 0,20 auf 1,– Mark kurz vor Aufnahme des elektrischen Betriebes erhöht. Das geht ein Jahr gut, dann zwingt die Inflation immer häufiger und stärker zu Preissteigerungen:

1914	0,20 M	Januar 1922	2,– M
1917	0,25 M	Mai 1922	3,– M
1918	0,30 M	Juli 1922	4,– M
Februar 1919	0,40 M	September 1922	6,– M
Juni 1919	0,50 M	Oktober 1922	8,– M
November 1919	0,60 M	Anf. Nov. 1922	15,– M
Januar 1920	0,80 M	Ende Nov. 1922	25,– M
September 1920	1,00 M	Dezember 1922	40,– M
1921	1,00 M		

Im Herbst 1922 sieht die Straßenbahn sich außerstande, ihre Fehlbeträge zu decken. Kohle- und damit Strompreise sind rapide gestiegen. Die Löhne haben stark zugenommen, und die Fahrgastzahlen gehen zurück. Haben im ersten Jahr nach der Elektrifizierung rund 1,4 Millionen Personen – ein bislang einmaliges Rekordaufkommen – das moderne Verkehrsmittel benutzt, reduziert sich der Zuspruch im folgenden Jahr schlagartig um 75 Prozent auf 800 000.

Bei der fortschreitenden Geldentwertung, die sich bitter bei der Bevölkerung in allen Lebensbereichen bemerkbar macht, nimmt auch der Straßenbahnverkehr immer mehr ab; denn immer weniger Bewohner von Minden und Umgebung können sich das Straßenbahnfahren leisten. Immer mehr Menschen werden arbeitslos und verringern obendrein den Berufsverkehr.

Auf der Strecke nach Porta macht sich außerdem die preiswerte Konkurrenz der Staatsbahn bemerkbar. Statt 8,– Mark braucht man dort nur 2,90 Mark zu bezahlen. Trotzdem bleibt die Porta-Linie besser benutzt als der innerstädtische Verkehr. Die zuständigen Kommunalverbände springen helfend mit Geldern ein, die jedoch bald aufgebraucht sind.

Verkehr anderthalb Monate stillgelegt

Als im Dezember 1922 die Ausgaben mit 2,2 Millionen Mark schließlich doppelt so hoch sind wie die Einnahmen von 1,1 Millionen M., stellt die Straßenbahn am 25. Januar 1923 bei der Regierung den Antrag auf sofortige Stillegung. Daraufhin erscheint am 1. Februar folgende Anzeige im »Mindener Tageblatt«:

Der Betrieb der Straßenbahn
wird vom 1. Februar ab
vollkommen stillgelegt.
Straßenbahn Minden.

Da kommt Hilfe von einer ganz unerwarteten Seite: von Bauunternehmer K. Weber aus Porta. Die Firma ist im Tief- und (Eisen-)Betonbau tätig sowie als Zementfabrik und Ingenieurbüro bekannt. K. Weber bietet eine Pachtübernahme an, um die Bahn vor dem Abbruch zu bewahren, und führt dabei seine Erfahrungen ins Feld, die er bei dem Hersteller elektrischer Straßenbahnen „Felten, Lohmeyer & Guilleaume” in Frankfurt/Main erworben hat.

Das EMR willigt ein; Schwierigkeiten bereitet lediglich die finanzielle Abwicklung. Mitte März hat man sich geeinigt, und als Unternehmer Weber einen Vorschuß von 2 Millionen Mark gezahlt hat, beginnt am 15. März 1923 das Pachtverhältnis. Drei Tage später wird der Straßenbahnbetrieb in beschränktem Umfang wieder aufgenommen.

„Straßenbahn Minden – Porta

Vorläufiger Fahrplan der Strassenbahn.

Werktags.

Ab Minden: 7^{00}, 8^{00}, 11^{10}, 12^{15}, 1^{30}, 3^{00}, 5^{10}, 6^{10}, 7^{10}.

Ab Porta: 6^{30}, 7^{30}, 8^{30}, 11^{40}, 12^{45}, 2^{20}, 4^{40}, 5^{40}, 6^{40}, 7^{40}.

Sonntags.

Ab Minden: 1^{30}, 2^{00}, 2^{30}, 3^{00}, 3^{30}, 4^{00}, 4^{30}, 5^{00}, 5^{30}, 6^{00}, 6^{30}, 7^{00}, 7^{30}.

Ab Porta: 2^{00}, 2^{30}, 3^{00}, 3^{30}, 4^{00}, 4^{30}, 5^{00}, 5^{30}, 6^{00}, 6^{30}, 7^{00}, 7^{30}, 8^{00}.

Ab Lübbeckerstraße—Markt und Markt—Lübbeckerstraße ist eine neue Zone eingelegt.

Fahrpreise: je Zone	Mk.	200.—
Kinder v. 4—10 Jahren Zone	„	100.—
Wochenkarten je Zone	„	1000.—
Schülerkarten	„	5000.—
Gepäckscheine Mindestpreis	„	200.—
Hunde	„	200.—
Lübbeckerstraße—Markt	„	150.—

Der Zugverkehr findet zwischen Markt und Porta statt. Fahrgäste, welche von Hausberge über die Kettenbrücke kommen, können auf der Brücke Rückfahrkarten lösen und brauchen dann ***kein*** *Brückengeld zu bezahlen."*

Kettenbrücke an der Porta Westfalica über die Weser.
Sammlung Schütte

Die Kettenbrücke war 1864 ursprünglich für den Transport von Erzgestein errichtet worden, das die Aktiengesellschaft für Bergbau und Hüttenbetriebe Porta-Westfalica von der Hausberger Weserseite zum anderen Flußufer zur Weiterverarbeitung transportieren wollte. Erst später wurde sie gegen Zollgebühr für den Fußgängerverkehr freigegeben. Sie fiel dem Zweiten Weltkrieg zum Opfer.

Porta-Linie wieder rege benutzt

Die wiederaufgenommene Straßenbahnlinie Markt - Porta findet dankbar regen Zuspruch. Weber hat zehn Mann Personal im Einsatz, die mit ihrem nach dem Ersten Weltkrieg eingeführten 8-Stunden-Tag nicht auskommen. Ab Oktober muß ihre Dienstzeit auf 9 $^{1}/_{2}$ Stunden - nach

Nichts geht mehr im Scharn auf dem Wege nach Porta. Die Brauereipferde nehmen die Verkehrsstockung mit gelassener Bierruhe hin.
Foto: Kommunalarchiv Minden

Genehmigung durch den Regierungspräsidenten – heraufgesetzt werden, damit sie einen ordentlichen Bahnbetrieb gewährleisten können. Am 23. Oktober 1923 wird der Straßenbahntarif auf Goldmark umgestellt. Zuletzt waren 15 Millionen Mark für eine Fahrkarte zu bezahlen, das macht nun 0,07 Goldmark.

Der Pachtvertrag kann zum 1. April 1924 gekündigt werden, so daß die Straßenbahn von nun an wieder unter eigener Regie verkehrt. Bereits seit dem 1. Februar ist auch die Strecke Markt – Bahnhof wieder befahren. Damit endet ein ungewöhnliches Kapitel in der Mindener Verkehrsgeschichte.

3. Kapitel:
Von 1925 bis 1930 Ausbau des Streckennetzes

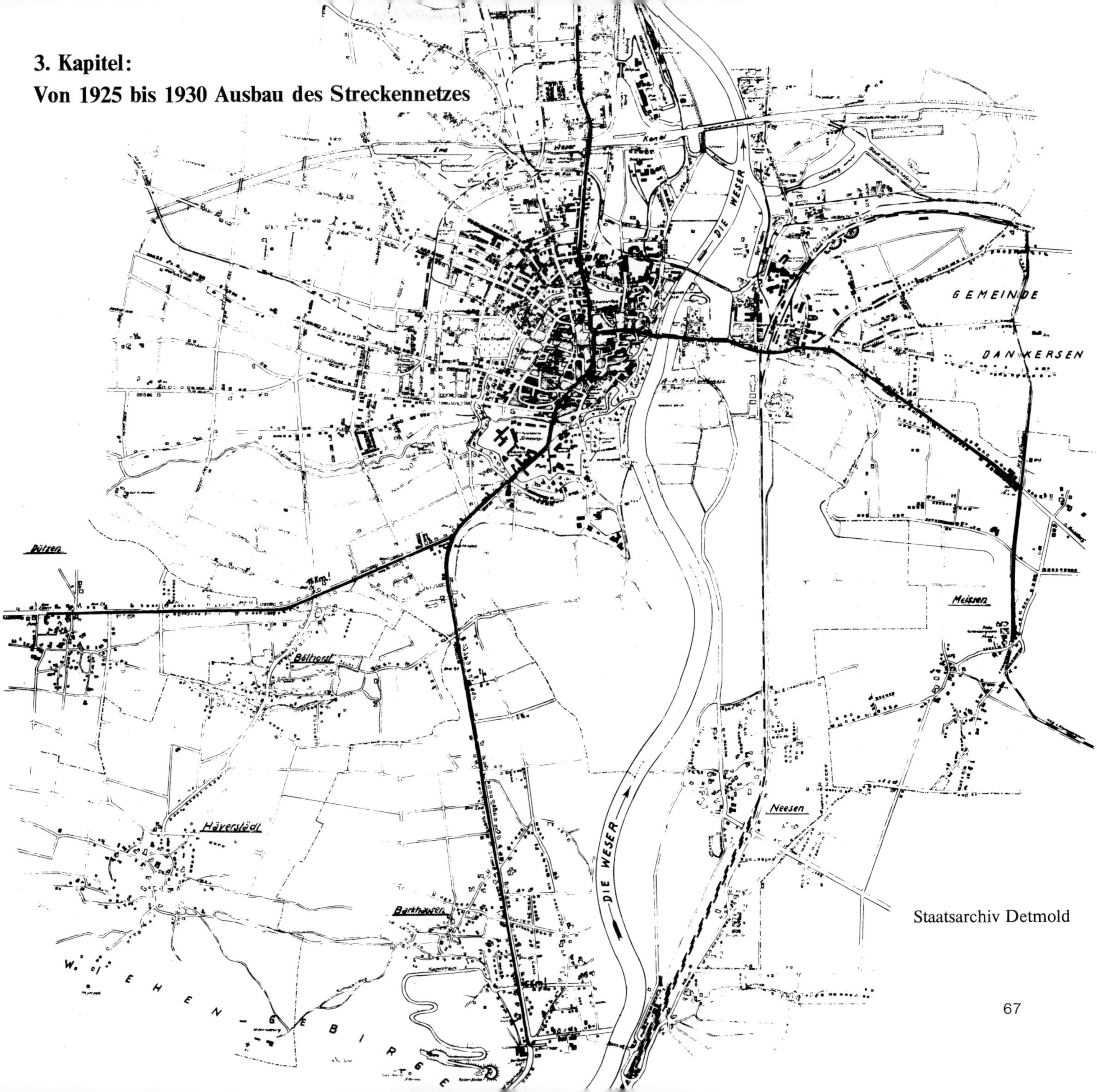

Staatsarchiv Detmold

Zwei Triebwagen und ein Bus auf der Weserbrücke. Archiv EMR

a) 1925 Straßenbahn nach Dützen – Bus zwischen Friedhof und Meißen

Mit der Wiederaufnahme des gesamten Betriebes auf eigene Rechnung der Straßenbahn-Gesellschaft, was durch die allgemeine Stabilisierung der Wirtschaftslage ermöglicht worden ist, werden zugleich auch schon jahrelang gehegte Pläne zur Ausweitung des bisherigen Streckennetzes und damit zur Verbesserung des öffentlichen Nahverkehrs wieder aufgenommen und in die Tat umgesetzt. Die nächste Linie soll von der Portastraße aus knapp drei Kilometer auf der Lübbecker Landstraße nach Westen führen, womit Bölhorst und weitere Gemeinden des Amtes Dützen indirekt (ggf. per Pferde-Omnibus) an das Straßenbahnnetz angebunden werden.

Dort, wo aus Kostengründen noch keine Bahnlinien eingerichtet werden können, nämlich zum neuen Friedhof im Norden der Stadt Minden (heute Nordfriedhof) und bis Meißen-Dorf sollen vorerst Kraftomnibusse verkehren. Noch 1924 sind zwei moderne Fahrzeuge bestellt worden (Wagenkästen von der Waggonfabrik Uerdingen, Fahrgestelle von der NAG), die im November 1925 geliefert werden.

Das »Mindener Tageblatt« berichtet in seiner Ausgabe vom 19. November 1925:
„Von der Straßenbahn
... Die neuen Kraftomnibusse sind inzwischen angekommen und erregen bei ihren Probefahrten allgemeines Aufsehen. Sie gehören dem modernsten Typ der Niederrahmenwagen an, die sich durch besonders ruhigen Lauf und glänzende Federung auszeichnen. Jeder Wagen hat 29 Sitzplätze und bis zu 20

Stehplätze, so daß bei starkem Verkehr 50 Personen befördert werden können. Besonders angenehm dürfte der Umstand empfunden werden, daß die Wagen heizbar sind, was vor allem wichtig ist bei Ausflugs- und Gesellschaftsfahrten, wofür die Straßenbahn-Gesellschaft ihre Wagen zur Verfügung stellt."

Am 14. April hat die Straßenbahn die Genehmigung für ihre elektrische Linie von Minden nach Dützen beantragt. Sie „soll dem Personen- und Stückgutverkehr in Traglasten dienen und wird lediglich auf der vorhandenen Provinzialstraße zu liegen kommen". Der Preußische Minister für Handel und Gewerbe genehmigt die Abzweiglinie am 22. Mai 1925. Die Bauarbeiten von „Bad Minden" bis kurz vor das Amtshaus mit Umsetzgleis dauern nicht sehr lange. Der gesamte 2,86 Kilometer lange Abzweig verläuft auf der in Richtung Dützen linken Straßenseite. Im November ist es geschafft; die Strecke kann am 21. des Monats in Betrieb gehen.

Eröffnung am 21. November 1925

Dieses Ereignis feiert die Presse zusammen mit der Einführung des Busbetriebes als Stärkung der Beziehungen zwischen Stadt und Land:

„In Gemeinschaft damit (Straßenbahnlinie nach Dützen/d. Verf.) *bietet die Kraftomnibuslinie Mindener Friedhof – Markt – Meißen Gelegenheit zur schnellen Abwicklung des Verkehrs zwischen diesen Grenzpunkten und Minden. Es ist ein besonderes Verdienst der Straßenbahn-Gesellschaft Minden, daß sie trotz aller Schwere der Zeitverhältnisse es durchgesetzt hat, diese Linien auszubauen und damit einen neuen Impuls zu geben für die Belebung und Verkehrsmöglichkeiten im Westen und Osten der Kreisstadt, für Stärkung der gemeinsamen Beziehungen zwischen Stadt und Land."*

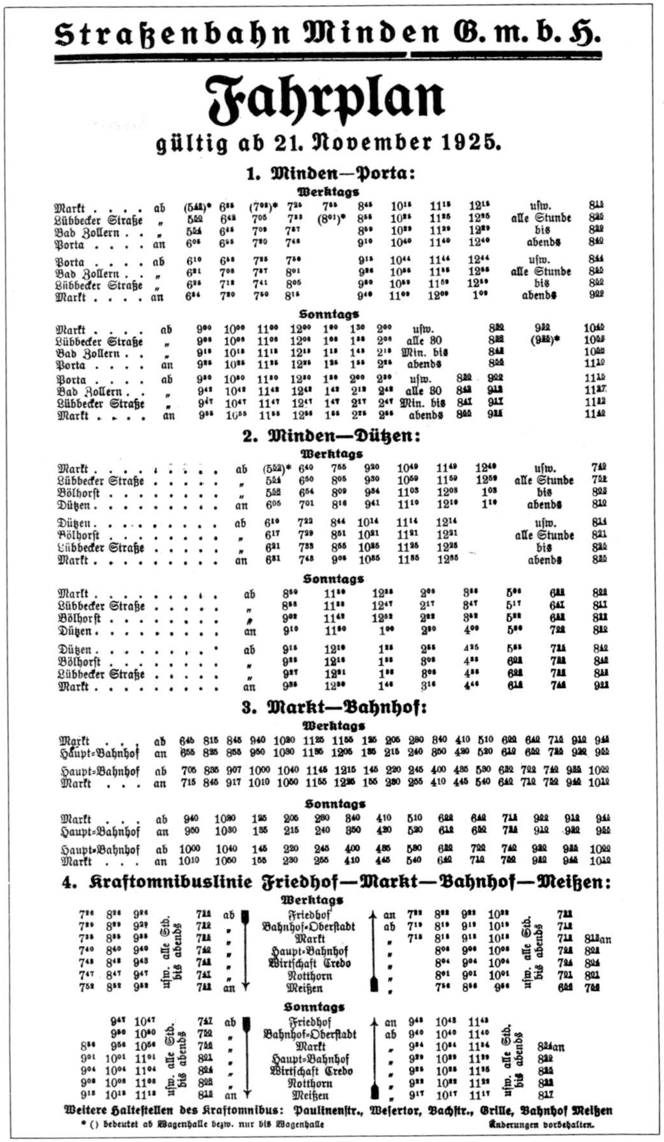

Straßenbahn Minden G. m. b. H.

Fahrplan

gültig ab 21. November 1925.

1. Minden—Porta:

Werktags

Markt	ab	(5^{42})*	6^{35}	(7^{00})*	7^{25}	7^{55}	8^{45}	10^{15}	11^{15}	12^{15}	usw.	8^{15}
Lübbecker Straße	„	5^{52}	6^{42}	7^{05}	7^{33}	(8^{01})*	8^{55}	10^{25}	11^{25}	12^{25}	alle Stunde	8^{25}
Bad Zollern	„	5^{54}	6^{45}	7^{09}	7^{37}		8^{59}	10^{29}	11^{29}	12^{29}	bis	8^{29}
Porta	an	6^{05}	6^{55}	7^{20}	7^{48}		9^{10}	10^{40}	11^{40}	12^{40}	abends	8^{40}
Porta	ab	6^{10}	6^{58}	7^{28}	7^{50}		9^{15}	10^{44}	11^{44}	12^{44}	usw.	8^{44}
Bad Zollern	„	6^{21}	7^{08}	7^{37}	8^{01}		9^{26}	10^{55}	11^{55}	12^{55}	alle Stunde	8^{55}
Lübbecker Straße	„	6^{25}	7^{12}	7^{41}	8^{05}		9^{30}	10^{59}	11^{59}	12^{59}	bis	8^{59}
Markt	an	6^{34}	7^{20}	7^{50}	8^{15}		9^{40}	11^{09}	12^{09}	1^{09}	abends	9^{09}

Sonntags

Markt	ab	9^{00}	10^{00}	11^{00}	12^{00}	1^{00}	1^{30}	2^{00}	usw.		8^{30}	9^{30}	10^{45}
Lübbecker Straße	„	9^{08}	10^{08}	11^{08}	12^{08}	1^{08}	1^{38}	2^{08}	alle 30		8^{38}	(9^{38})*	10^{53}
Bad Zollern	„	9^{18}	10^{18}	11^{18}	12^{18}	1^{18}	1^{48}	2^{18}	Min. bis		8^{48}		10^{58}
Porta	an	9^{25}	10^{25}	11^{25}	12^{25}	1^{25}	1^{55}	2^{25}	abends		8^{55}		11^{10}
Porta	ab	9^{30}	10^{30}	11^{30}	12^{30}	1^{30}	2^{00}	2^{30}	usw.	8^{30}	9^{00}		11^{15}
Bad Zollern	„	9^{42}	10^{42}	11^{42}	12^{42}	1^{42}	2^{12}	2^{42}	alle 30	8^{42}	9^{12}		11^{27}
Lübbecker Straße	„	9^{47}	10^{47}	11^{47}	12^{47}	1^{47}	2^{17}	2^{47}	Min. bis	8^{47}	9^{17}		11^{32}
Markt	an	9^{55}	10^{55}	11^{55}	12^{55}	1^{55}	2^{25}	2^{55}	abends	8^{55}	9^{25}		11^{40}

2. Minden—Dützen:

Werktags

Markt	ab	(5^{42})*	6^{40}	7^{55}	9^{20}	10^{49}	11^{49}	12^{49}	usw.	7^{49}
Lübbecker Straße	„	5^{54}	6^{50}	8^{05}	9^{30}	10^{59}	11^{59}	12^{59}	alle Stunde	7^{59}
Bölhorst	„	5^{58}	6^{54}	8^{09}	9^{34}	11^{03}	12^{03}	1^{03}	bis	8^{03}
Dützen	an	6^{05}	7^{01}	8^{16}	9^{41}	11^{10}	12^{10}	1^{10}	abends	8^{10}
Dützen	ab	6^{10}	7^{22}	8^{44}	10^{14}	11^{14}	12^{14}		usw.	8^{14}
Bölhorst	„	6^{17}	7^{29}	8^{51}	10^{21}	11^{21}	12^{21}		alle Stunde	8^{21}
Lübbecker Straße	„	6^{21}	7^{33}	8^{55}	10^{25}	11^{25}	12^{25}		bis	8^{25}
Markt	an	6^{31}	7^{43}	9^{05}	10^{35}	11^{35}	12^{35}		abends	8^{35}

Sonntags

Markt	ab	8^{50}	11^{30}	12^{38}	2^{08}	3^{38}	5^{08}	6^{38}	8^{08}
Lübbecker Straße	„	8^{58}	11^{38}	12^{47}	2^{17}	3^{47}	5^{17}	6^{47}	8^{17}
Bölhorst	„	9^{02}	11^{42}	12^{52}	2^{22}	3^{52}	5^{22}	6^{52}	8^{22}
Dützen	an	9^{10}	11^{50}	1^{00}	2^{30}	4^{00}	5^{30}	7^{00}	8^{30}
Dützen	ab	9^{15}	12^{10}	1^{25}	2^{55}	4^{25}	5^{55}	7^{25}	8^{40}
Bölhorst	„	9^{23}	12^{16}	1^{33}	3^{03}	4^{33}	6^{03}	7^{33}	8^{48}
Lübbecker Straße	„	9^{27}	12^{21}	1^{38}	3^{08}	4^{38}	6^{08}	7^{38}	8^{53}
Markt	an	9^{35}	12^{30}	1^{46}	3^{16}	4^{46}	6^{16}	7^{46}	9^{01}

3. Markt—Bahnhof:

Werktags

Markt	ab	6^{45}	8^{15}	8^{45}	9^{40}	10^{20}	11^{25}	11^{55}	1^{25}	2^{05}	2^{30}	3^{40}	4^{10}	5^{10}	6^{20}	6^{40}	7^{15}	9^{10}	9^{45}
Haupt-Bahnhof	an	6^{55}	8^{25}	8^{55}	9^{50}	10^{30}	11^{35}	12^{05}	1^{35}	2^{15}	2^{40}	3^{50}	4^{20}	5^{20}	6^{30}	6^{50}	7^{25}	9^{20}	9^{55}
Haupt-Bahnhof	ab	7^{05}	8^{35}	9^{07}	10^{00}	10^{40}	11^{45}	12^{15}	1^{45}	2^{20}	2^{45}	4^{00}	4^{35}	5^{30}	6^{30}	7^{00}	7^{40}	9^{35}	10^{00}
Markt	an	7^{15}	8^{45}	9^{17}	10^{10}	10^{50}	11^{55}	12^{25}	1^{55}	2^{30}	2^{55}	4^{10}	4^{45}	5^{40}	6^{40}	7^{10}	7^{50}	9^{45}	10^{10}

Sonntags

Markt	ab	9^{40}	10^{20}	1^{25}	2^{05}	2^{30}	3^{40}	4^{10}	5^{10}	6^{20}	6^{40}	7^{15}	9^{00}	9^{10}	9^{45}
Haupt-Bahnhof	an	9^{50}	10^{30}	1^{35}	2^{15}	2^{40}	3^{50}	4^{20}	5^{20}	6^{30}	6^{50}	7^{25}	9^{10}	9^{20}	9^{55}
Haupt-Bahnhof	ab	10^{00}	10^{40}	1^{45}	2^{20}	2^{45}	4^{00}	4^{35}	5^{30}	6^{30}	7^{00}	7^{40}	9^{20}	9^{35}	10^{00}
Markt	an	10^{10}	10^{50}	1^{55}	2^{30}	2^{55}	4^{10}	4^{45}	5^{40}	6^{40}	7^{10}	7^{50}	9^{30}	9^{45}	10^{10}

4. Kraftomnibuslinie Friedhof—Markt—Bahnhof—Meißen:

Werktags

7^{26}	8^{26}	9^{26}	usw. alle Std. bis abends	7^{26}	ab ↓	Friedhof	↑ an	7^{22}	8^{22}	9^{22}	10^{22}	usw. alle Std. bis abends	7^{22}	
7^{29}	8^{29}	9^{29}		7^{29}	„	Bahnhof-Oberstadt	ab	7^{19}	8^{19}	9^{19}	10^{19}		7^{19}	
7^{35}	8^{35}	9^{35}		7^{35}	„	Markt	„	7^{15}	8^{15}	9^{15}	10^{15}		7^{15}	8^{15} an
7^{40}	8^{40}	9^{40}		7^{40}	„	Haupt-Bahnhof	„		8^{08}	9^{08}	10^{08}		7^{08}	8^{08}
7^{43}	8^{43}	9^{43}		7^{43}	„	Wirtschaft Credo	„		8^{04}	9^{04}	10^{04}		7^{04}	8^{04}
7^{47}	8^{47}	9^{47}		7^{47}	„	Notthorn	„		8^{01}	9^{01}	10^{01}		7^{01}	8^{01}
7^{52}	8^{52}	9^{52}		7^{52}	an	Meißen	„		7^{56}	8^{56}	9^{56}		6^{56}	7^{56}

Sonntags

	9^{47}	10^{47}	usw. alle Std. bis abends	7^{47}	ab ↓	Friedhof	↑ an	9^{43}	10^{43}	11^{43}	usw. alle Std. bis abends	
	9^{50}	10^{50}		7^{50}	„	Bahnhof-Oberstadt	ab	9^{40}	10^{40}	11^{40}		
8^{56}	9^{56}	10^{56}		7^{56}	„	Markt	„	9^{34}	10^{34}	11^{34}		8^{34} an
9^{01}	10^{01}	11^{01}		8^{01}	„	Haupt-Bahnhof	„	9^{29}	10^{29}	11^{29}		8^{29}
9^{04}	10^{04}	11^{04}		8^{04}	„	Wirtschaft Credo	„	9^{25}	10^{25}	11^{25}		8^{25}
9^{08}	10^{08}	11^{08}		8^{08}	„	Notthorn	„	9^{22}	10^{22}	11^{22}		8^{22}
9^{13}	10^{13}	11^{13}		8^{13}	an	Meißen	„	9^{17}	10^{17}	11^{17}		8^{17}

Weitere Haltestellen des Kraftomnibus: Paulinenstr., Wesertor, Bachstr., Grille, Bahnhof Meißen

* () bedeutet ab Wagenhalle bezw. nur bis Wagenhalle

Änderungen vorbehalten.

Der Gemeindevorsteher von Dützen, Buschmann, äußert sogar die (vergebliche) Hoffnung, daß die Linie noch weiter nach Westen bis Eickhorst verlängert würde.

Direktor Hoffmann des EMR gibt während der Festversammlung in humorvoller Weise eine amüsante Übersicht, die wir unseren Lesern nicht vorenthalten möchten, über die Geschichte einer 1913 zwischen „Frau Minden" und einem echten Ravensberger geschlossenen Ehe.
„1914 sei daraus eine Tochter hervorgegangen und auf den Namen ‚Straßenbahn Minden' getauft. Eine ältere, schwache, fauchende und kranke ‚Adoptivschwester' sollte das Feld räumen. Die Erziehung überließ die junge Mutter dem Vater; das Kind aber wurde bei den ersten Gehversuchen durch Kriegsgeschrei derart erschreckt, daß es jahrelang bewußtlos liegen blieb. Die ältere Schwester mußte, trotz mancher Ohnmacht, wieder einspringen. Nach Kriegsende lernte endlich das junge Straßenbähnchen mit Hilfe der Elektrizität gehen und fahren; die Mitbürger freuten sich dessen.
Doch bald erkrankte das Kind infolge Inflation an Schwindsucht. ‚Wunderdoktor Weber' brachte das Kind wieder zum Gehen, aber nicht endgültig; erst Anfang 1924 wurde ihm das Klima zuträglich. Da dachten die Eltern bescheiden an eine Vergrößerung der Familie; eine gute alte Tante aus Münster und ein Onkel vom Lande stimmten zu und heute stehen wir an der Wiege eines netten Zwillingspaares: Straßenbahn Dützen und Kraftomnibus. Hoffentlich gehen alle Wünsche für sie in Erfüllung."
(Mindener Tageblatt, 21. November 1925)

Im Nichts endete die Dützer Linie nach der Ausweiche an der Endhaltestelle. Foto: H. Solle/Sammlung Schütte

Von der Abzweigung Bad Minden bis nach Dützen

Oben: Hier trennen sich die beiden Linien nach Porta und Dützen.

Links: Tw 6 mit Bw 104 zwischen Bad Minden und Hermann's Solbad auf der Lübbecker Straße (Anfang Mai 1959).

Fotos:
H. Solle/Sammlung Schütte

Straßenbahnbegegnung bei der (später eingerichteten) Ausweiche Bölhorst während des mittäglichen Berufsverkehrs am 2. Mai 1959.
Foto: H. Solle/Sammlung Schütte

Tw 10 zwischen Bölhorst und Dützer Höhe.

Der Triebwagen 2 mit dem Bw 104.

Fotos:
H. Solle/Sammlung Schütte

Das Ende des knapp drei Kilometer langen Abzweiges ist erreicht.

Foto: R. Todt

An der Endhaltestelle vor Abbruch der ausgebrannten Mühle fährt der Triebwagen 5 ins Bild.

Sammlung Krückemeyer

gültig ab 16. März 1928

Teil-strecken	Einzelfahrscheine		Fahrschein-hefte mit 10 Fahr-scheinen	Paketsendungen		Arbeiter-wochen-karten	Monatskarten		
	Er-wachsene	Kinder unter 10 Jahren		Kleine Stücke	Größ. Stücke		Schüler	Ermäßigte	Unbeschränkte
1	2	3	4	5	6	7	8	9	10
	Rpf	Rpf	RM	Rpf	Rpf	RM	RM	RM	RM
1	15	10	1.30	15	30	0.70	2.30	4.—	8.—
2	15	10	1.30	15	30	0.70	2.30	4.	8.—
3	20	15	1.75	15	30	0.70	2.30	4.	8.—
4	25	15	2.20	15	30	1.20	3.—	6.—	10.—
5	30	15	—	20	40	1.20	3.50	7.—	11.—
6	30	15	—	20	40	1.20	4.—	8.—	12.—
7	35	20	3.—	20	40	1.60	4.—	8.—	12.—

Arbeiterwochenkarten und Fahrscheinheftchen sind bei den Schaffnern zu haben.

Arbeiterwochenkarten gelten für 2 Fahrten werktäglich, Gültigkeitsdauer 7 Tage.

Monatskarten-Abgabe nur beim Betriebsbahnhof Portastraße 1 und bei unserer Betriebsleitung Fischerallee 4 (E. M. R.). Wertmarken für die monatliche Erneuerung sind außerdem erhältlich in der Zigarrenhandlung Bodenstein am Markt. Die Erneuerung kann vom vorletzten Werktag eines jeden Monats ab erfolgen.

Schülerkarten gültig für die nach dem jeweiligen Stundenplan des Inhabers werktags notwendigen Schulfahrten.

Ermäßigte Monatskarten sind gültig für **nur** je eine Hin- und Rückfahrt werktäglich.

Für größere Gepäckstücke, die die Fahrgäste mitnehmen, gilt der Tarif unter Spalte 2; bei sehr umfangreichen Gepäckstücken sind 2 Fahrscheine zu lösen.

Die Beförderung erfolgt nur auf Grund der jeweiligen Beförderungsbedingungen. Mit Inkrafttreten des vorstehenden Tarifs werden die bisherigen Tarifbestimmungen ungültig.

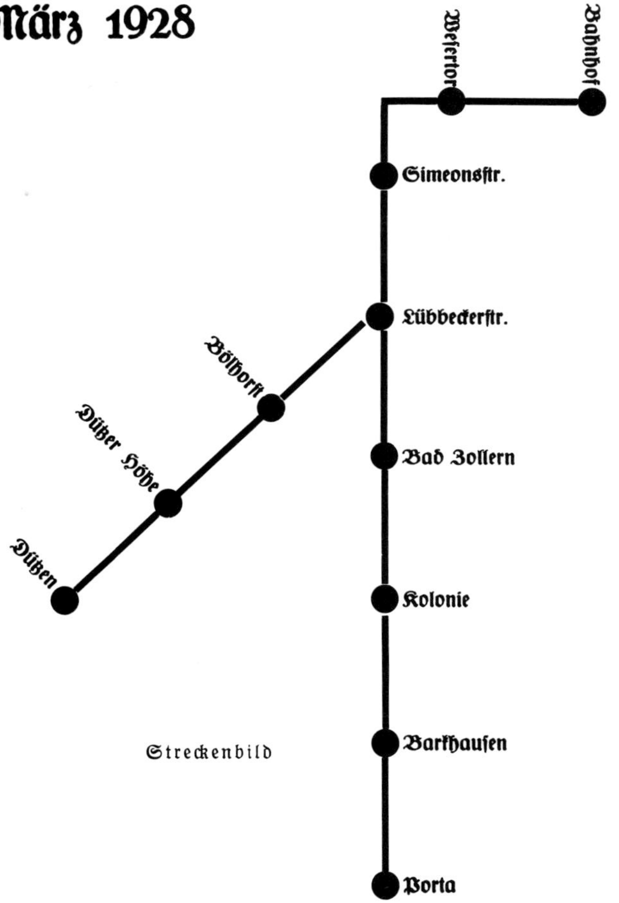

Streckenbild

Straßenbahn Minden G. m. b. H.

Staatsarchiv Detmold

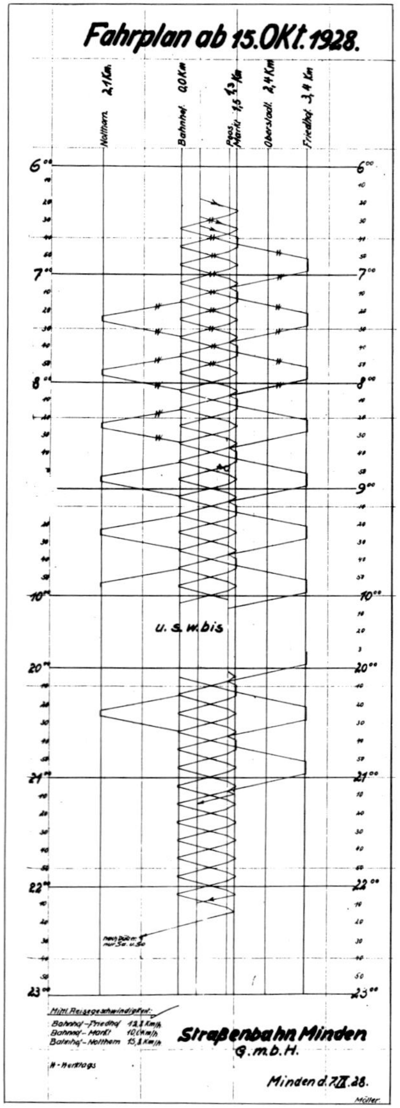

Staatsarchiv Detmold

b) Ab 1928 fährt die Bahn zum Friedhof – Gleisdreieck am Poos und Kreuzungen mit MKB

Der erste Wunsch, der noch vor Inbetriebnahme einer weiteren Straßenbahnlinie in Erfüllung geht, ist die Fertigstellung der erweiterten Wagenhalle auf dem Betriebshof an der Portastraße. An die vorhandene Wagenhalle mit drei Gleissträngen wird 1927 für rund 3 800 Mark ein ebenfalls dreigleisiger Teil zur Nordseite hin angebaut. Dann dauert es noch etwa ein halbes Jahr, bis Mitte März 1928 auch die entsprechende Gleisanlage hergerichtet ist.

Der Kreis Minden hat übrigens schon im Vorjahr seine Geschäftsanteile an der Straßenbahn Minden in Höhe von 20 900 Mark dem EMR übertragen und ist aus der GmbH nach relativ kurzer Zeit wieder ausgeschieden. Am 6. Juni 1928 treten auch die Stadt und die Provinz Westfalen aus dem Unternehmen aus; das gesamte Stammkapital von derzeit 900 000 Mark geht auf das EMR über. Der Gesellschaftsvertrag lautet nunmehr auf „Bau und Betrieb von elektrischen Straßenbahnen in Minden und Umgebung". Seit 1928 also ist die Straßenbahn Minden ein hundertprozentiges Tochterunternehmen der Elektrizitätswerke Minden-Ravensberg.

Die »Straßenbahn Minden GmbH« stellt nicht die einzige verkehrspolitische Aktivität des EMR dar. Von 1926 an versucht das Elektrizitätswerk mit einigem Elan, im Verkehrswesen Fuß zu fassen, und gründet ein Jahr später eine besondere Verkehrsabteilung bei der Hauptverwaltung in Herford. Es war beabsichtigt, im Laufe der Zeit das Verkehrsnetz – ausgehend von den Stützpunkten Herford und Minden – auf einen möglichst großen Teil des Stromversorgungsgebietes auszudehnen. So richtete das EMR Omnibuslinien ein und erwarb zwischen 1928 und 1932 über 98% der Anteile an der Herforder Kleinbahn, die elektrifiziert wurde. Ähnliche Aktivitäten auf dem Verkehrssektor sind auch von anderen Stromerzeugern bekannt.

Künstlerische Ansicht vom Betriebshof der Straßenbahn Minden vor der Erweiterung der Wagenhalle.
Kommunalarchiv Minden

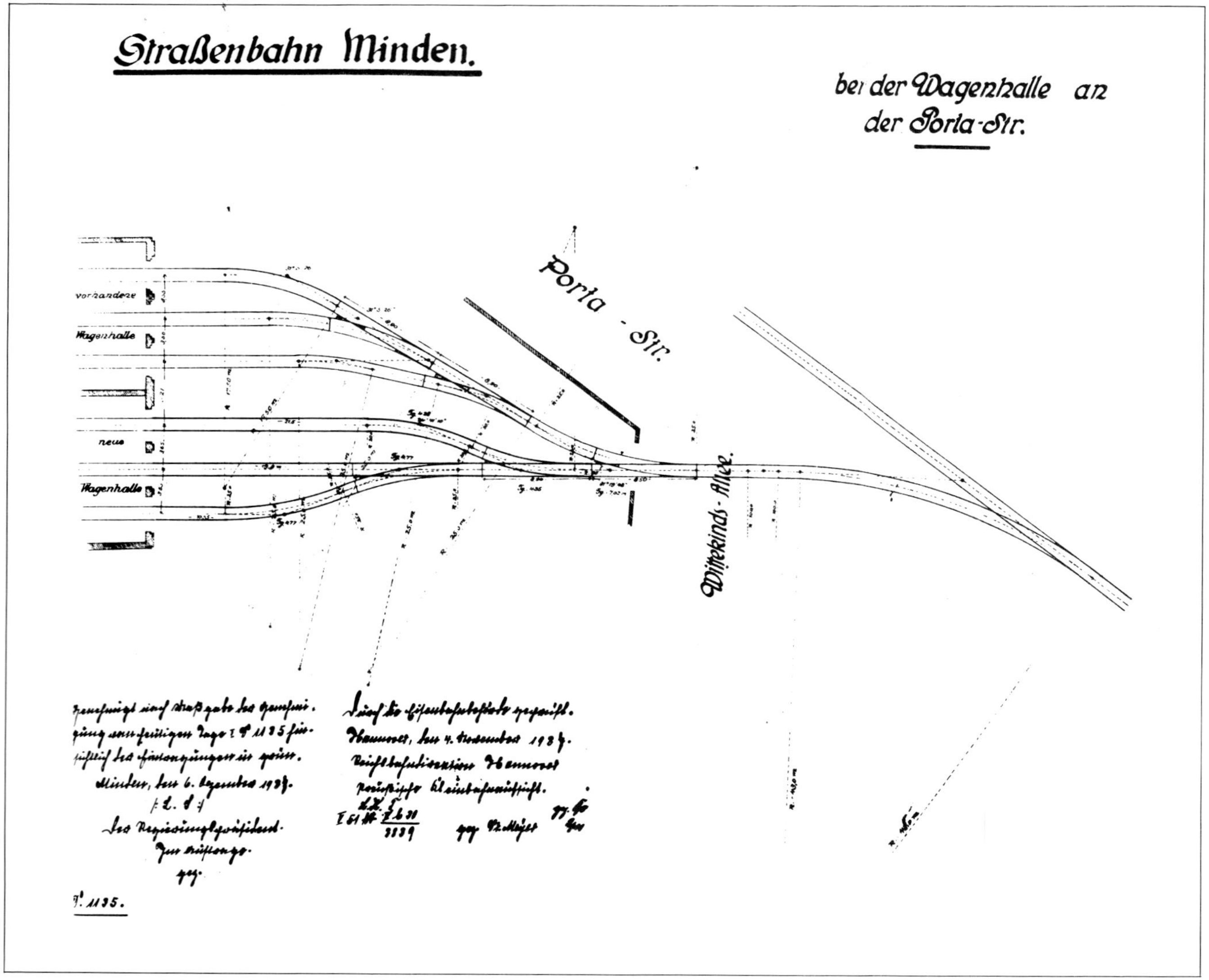

Die vorhandene dreigleisige Wagenhalle (in der Zeichnung oben) wird 1927 um weitere drei Gleisstränge erweitert.
Staatsarchiv Detmold

Außenansicht der erweiterten Straßenbahn-Fahrzeughalle. Rechts ist ein Teil der neuen Trieb- und Beiwagen zu sehen, links ein Omnibus für die Linie zwischen Friedhof und Meißen.

Archiv EMR

Verließen Straßenbahn-Fahrzeuge das Depot, mußte ein Schaffner die Portastraße sichern, die zu überqueren war.

Foto:
H. Solle/Sammlung Schütte

Innenansicht der
Wagenhalle im Jahre 1935.

Archiv EMR

Nicht bis Todtenhausen

Das nun anstehende Erweiterungsprojekt, die neue Straßenbahnlinie in den Norden der Stadt, wurde in Angriff genommen, noch bevor die erste Bahn nach Dützen fuhr. Die Straßenbahn beantragte schon am 13. Oktober 1925 die Genehmigung für eine Strecke von Minden bis zum Denkmal in Todtenhausen (errichtet an der Mindener Straße, gegenüber der Gaststätte »Lohrmann«, in Erinnerung an die Schlacht bei Minden 1759). Man steckt aber 1927 angesichts der aufzubringenden finanziellen Mittel doch lieber erst zurück und beschränkt sich auf eine Bahnlinie bis zum neuen (Nord-)Friedhof, ohne jedoch die Erweiterung ganz aus den Augen zu verlieren. Erst 1935 wird dieses Vorhaben aufgegeben.

Hinsichtlich der neuen Linienführung gibt es ganz andere Probleme: den Scharn mit seiner geringen Fahrbahnbreite. Hier spielen nicht nur liebend gern Kinder auf den Schienen – mit und ohne Ballerplätzchen, die so wunderschön im Radio stören, wenn die Straßenbahn sie überrollt –; hier hat die Polizei vorsorglich schon 1915 eine Einbahnregelung vorgenommen, um die zu erwartende „Elektrische" und den übrigen Verkehr so gut wie möglich unter einen Hut zu bringen.

Jede nur eben verfügbare Fläche des Triebwagens wurde 1927 bei Reklamefahrten für den Zirkus Sarrasani genutzt.
Archiv EMR

Ein Gleisdreieck am Poos

Der anfängliche 20-Minuten-Takt vom Markt zum Bahnhof ist einigermaßen gut zu verkraften; als aber nach einiger Zeit doppelt so viele Triebwagen (10-Minuten-Takt) mit und ohne Beiwagen sich durch die Gasse schlängeln, wächst der Unmut bei Verkehrsteilnehmern und Anwohnern. Als nun gar auch noch eine weitere Linienführung vom Markt zum Friedhof realisiert werden soll, muß eine andere Lösung gefunden werden.

Am besten wäre die Aufteilung der Linien in Friedhof - Bahnhof (ohne Markt = Scharn) und Porta - Markt - Bahnhof mit Anschlüssen am Poos. Ein Gleisdreieck schafft - laut Straßenbahn am 4. Mai 1928 - die betriebliche Voraussetzung dazu:

„Ausbau der Gleisanlage am Poos zu einem Gleisdreieck

Die Klagen über die Unzulänglichkeit der Scharnstraße für den Verkehr seitens der Anwohner und des Magistrats der Stadt Minden mehren sich, hauptsächlich seit Einführung des 10-Minutenverkehrs auf der Linie Markt–Bahnhof, in starkem Maße. Dieser Zustand würde durch die beabsichtigte Führung der neuen Linie Markt–Friedhof, die außer dem planmäßigen 1/2-Stundenverkehr noch einen starken Sonderverkehr aufweisen wird, noch verschlimmert werden.
(...)
Durch eine derartige Gleisanlage wird erreicht, dass der Verkehr der Linie zum Friedhof vom Markt und von der verkehrsbelasteten Scharnstraße abgezogen wird, indem die Wagen vom Friedhof zum Bahnhof und später nach Meißen durchlaufen. Durch die Scharnstraße würden dann lediglich die Sonderwagen vom Markt zum Friedhof fahren, wozu der bereits genehmigte Gleisstrang erforderlich ist."

Am 12. Oktober 1928 erfolgt die landespolizeiliche Abnahme der 2,21 km langen Strecke zum Friedhof, drei Tage später wird sie dem öffentlichen Verkehr übergeben. Die Linie verläuft vom Poos als neue Weiterführung der

Teilung der Strecken am Poos. Archiv EMR

Strecke zum Bahnhof auf der rechten Seite der Marienstraße nach Norden und ist mit dem derzeit größten technischen Komfort, mit geschweißten Schienen, versehen. Wer zum Markt oder in Richtung Porta fahren möchte, bekommt Anschluß am Poos, wo sich die Hohn- und Scharn- sowie Marien- und Bäckerstraße treffen.

Ab 15. Oktober 1928 zum Friedhof

Die Zeitungen widmen der Eröffnung manchen lobenden Artikel. So zum Beispiel das »Mindener Tageblatt« am 13. Oktober 1928:

Straßenbahnstrecke Poos – Friedhof

Freitag vormittag fand die landespolizeiliche Abnahme der neuen Straßenbahnstrecke Poos—Friedhof statt. Irgendwelche Bedenken gegen die Inbetriebnahme sind seitens der zuständigen Behörden nicht erhoben worden. Einzelne Wünsche wegen Veränderung der Haltestellen konnten seitens des Vertreters des Herrn Regierungspräsidenten leider als unmöglich nicht berücksichtigt werden.

Die Haltestellen der neuen Strecke werden liegen: Am Poos, Immanuelstraße, Paulinenstraße, Wilhelmstraße (Teilstrecke), Bahnhof Oberstadt, Karolingerring, Endhaltestelle Friedhof. Die Fahrpreise gleichen sich den bisherigen Fahrpreisen der Straßenbahn an, so daß die Fahrt vom Friedhof bis zum Bahnhof 20 Pfennig und von der Wilhelmstraße bis zum Bahnhof 15 Pfennig kostet. Der Fahrplan ist derart gestaltet, daß sich auf der neuen Strecke ein halbstündiger Verkehr ergibt. Es werden vom Bahnhof jeweils 2 Wagen zum Markt und der dritte zum Friedhof fahren. Die vom Friedhof kommenden Wagen haben am Poos jeweils Anschluß an die Züge nach Porta. Ferner haben die vom Friedhof am Bahnhof eintreffenden Wagen dort unmittelbar Anschluß an die Omnibusstrecke, die nunmehr nur noch auf die Reststrecke Bahnhof-Notthorn beschränkt bleibt. Für den Uebergang von der Straßenbahn zum Omnibus werden Uebergangsfahrscheine ausgegeben. Auch die Monatskarten werden zukünftig auf die Omnibusstrecke ausgedehnt. Näheres ergeben die ausgehängten Fahrpläne. Etwa noch vorhandene Fahrscheinhefte der bisherigen Omnibus-Linie Friedhof-Notthorn werden von der Straßenbahn-Gesellschaft wieder zurückgenommen. Die Fahrscheinhefte der bisherigen Straßenbahnlinie gelten auch auf der neuen Strecke, aber nicht auf der nunmehr verkürzten Omnibuslinie. Hierfür gelten nur die neuen Fahrscheinhefte.

Die neue Straßenbahnstrecke ist in jeder Hinsicht nach dem neuzeitlichen Stande der Technik hergestellt. So ist beispielsweise die gesamte Schienenstrecke vom Poos bis zum Friedhof geschweißt mit einer einzigen Ausnahme; nämlich einem gelaschten Stoß vor dem Gasthaus Krumme. Außerdem sind selbstverständlich die unvermeidlichen Stöße an den Weichen und Kreuzungen vorhanden. Die Schweißung erfolgte nach dem Thermit-Verfahren. Das Schienen-Profil ist das stärkste, was bei Straßenbahnen, auch den am stärksten frequentierten, üblich ist. Die Fahrleitungsmaste sind im ersten Teil vom Poos ab Schleuderbeton-Maste, auf der letzten Strecke sogenannte Streckmaste, beides Ausführungsarten neuerer Zeit. — Im Umformwerk Hermannstraße wurde schon vor längerer Zeit ein Gleichrichter aufgestellt zur Erzeugung von Bahnstrom, so daß zukünftig auch von hier aus über zwei Speisekabel zum Wesertor regelmäßig gespeist werden wird. Bei etwaigen Betriebsstörungen in der einen Speisequelle kann naturgemäß jetzt die andere sofort eingreifen. Beide Speisequellen (Betriebsbahnhof und Umformwerk Hermannstraße) sind in der Lage, jedes für sich den gesamten Bahnbetrieb zu versorgen.

Der regelmäßige Betrieb wird am Montag, den 15. Oktober d. J. aufgenommen. Die Wagen verkehren zwischen Friedhof und Bahnhof.

Wie uns ferner mitgeteilt wird, wird der Fahrpreis für die Strecke von der Wilhelmstraße bis Porta 30 Pfg., für die Strecke vom Friedhof bis Porta 35 Pfg. betragen.

Der heutige Inseratenteil enthält den neuen Fahrplan.

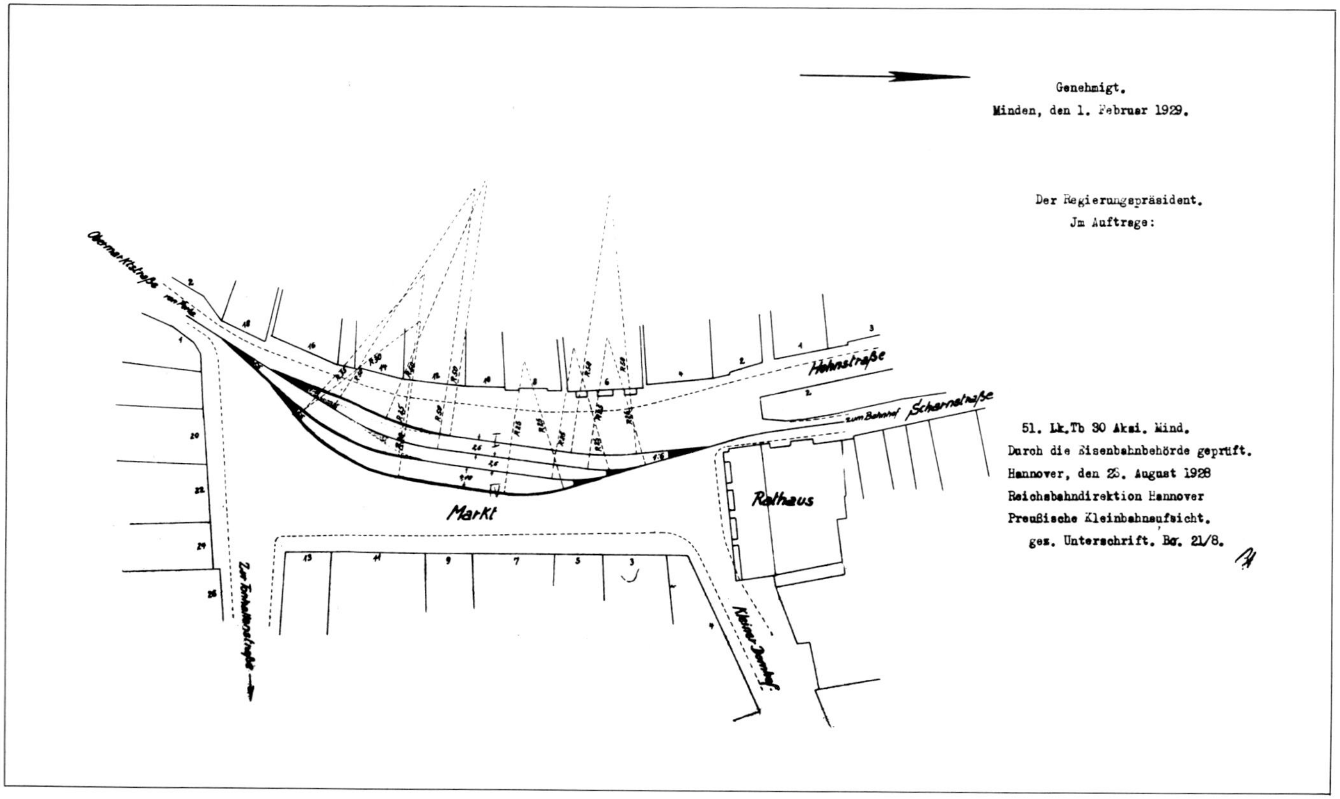

Die Erweiterung des Streckennetzes macht 1928 ein viertes Umfahrungsgleis auf dem Markt notwendig. Staatsarchiv Detmold

1928 werden auch auf dem Markt Gleisbauarbeiten durchgeführt. Schon 1926, nach Eröffnung der Straßenbahnlinie nach Dützen, war ein viertes Gleis als südliche Umfahrung im Gespräch. Dann wollte man aber erst einmal die weitere Entwicklung des Bahnnetzes abwarten und ging nun mit der neuen Strecke zum Friedhof die notwendige Erweiterung der Gleisanlage auf dem Marktplatz an. Rillenschienen und Weiche werden auch hier durchgehend verschweißt.

Gleiskreuzung der meterspurigen Straßenbahn mit den dreischienigen Mindener Kreisbahnen am Bahnhof Minden-Oberstadt.
Die MKB hatte zeitweilig sowohl schmal- als auch normalspurigen Verkehr.

Foto:
H. Solle/Sammlung Schütte

Zwei Kreuzungen mit MKB-Gleisen

Im Zusammenhang mit der Linie zum Friedhof gilt es noch eine Stelle besonderer betrieblicher Aufmerksamkeit zu erwähnen: die niveaugleiche Kreuzung mit den Mindener Kreisbahnen auf der Marienstraße am MKB-Bahnhof Oberstadt. Nicht ganz so häufig werden von den Kreisbahnen die Anschlußgleise der Brauerei Feldschlößchen kurz vor dem Friedhof befahren.

Eine Dienstvorschrift für das Fahrpersonal der Straßenbahn schreibt im April 1929 vor:

„Bei der Kreisbahnkreuzung bei Bahnhof Oberstadt haben die Züge der Mindener Kreisbahnen in allen Fällen das Vorfahrtsrecht.

Die Wagenführer der Straßenbahn haben stets vor der Kreuzung zu halten. Der Schaffner hat voranzugehen und nachzusehen, ob die Strecke nach beiden Richtungen frei ist. Erst auf das vom Schaffner gegebene Zeichen fährt der Führer in Schrittgeschwindigkeit über das Gleis hinweg.
Bei der Kreuzung mit den Anschlußgleisen der Brauerei Feldschlößchen haben die Wagen der Straßenbahn das Vorfahrtsrecht. Bei dieser letzteren Kreuzung ist ein Halten vor der Kreuzung nicht erforderlich, sofern die Anschlußgleise frei sind.

Die Kreuzung darf nicht mit höherer Geschwindigkeit wie 10 km in der Stunde befahren werden."

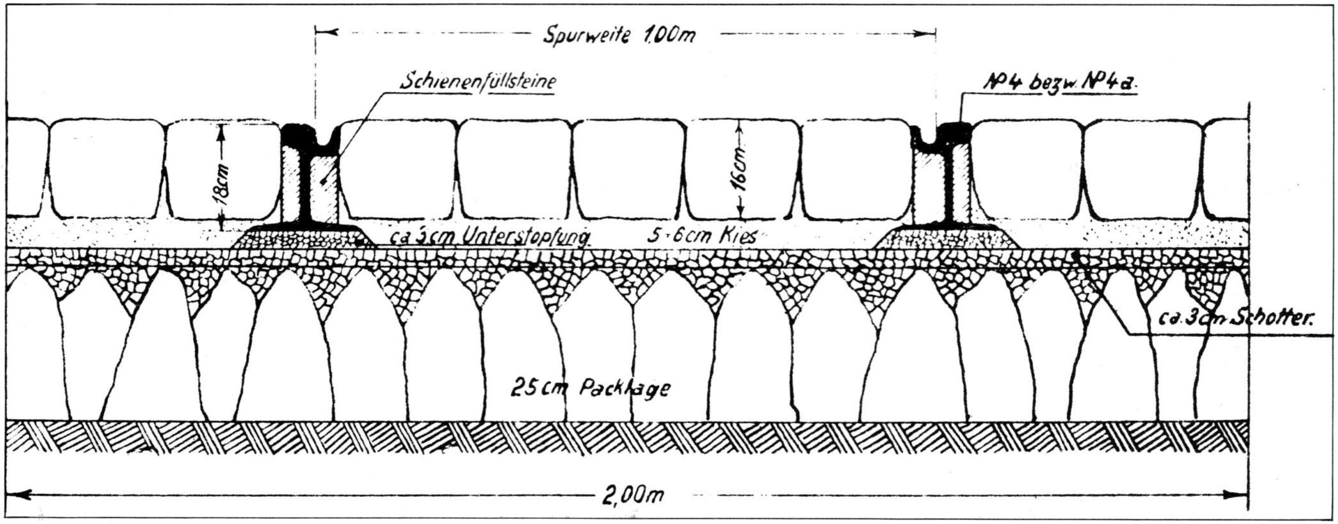

Normalprofil der Straßenbahn für die Erweiterung Poos - Friedhof (1928) und später auch Bahnhof - Notthorn (1929).

Staatsarchiv Detmold

Moderne Gleiskreuzung „Feldschlößchen" mit der Straßenbahn (Zustand 1952).

Archiv EMR

Mit der „Elektrischen" vom Poos bis zum Friedhof

Triebwagen 11 am Poos. Foto: D. Höltge

Oben: Tw 1 am Anfang der Bäckerstraße (Mai 1957).

Fotos: H. Solle/Sammlung Schütte

Unten: Blick von der Hufschmiede auf Tw 6 und Bw 112 am 18. Juni 1955.

Die gesamte Strecke zum Friedhof verläuft auf der Marienstraße, hier Haltestelle Immanuelstraße.
Auffällig auch an diesem Bild, wie wenig Autos es noch vor gut 25 Jahren gab.

Tw 6 und Bw 112 am 18. Juni 1955 im Bereich der Wilhelmstraße.

Fotos:
H. Solle/Sammlung Schütte

Die Straßenbahn vor der Kreuzung mit den Mindener Kreisbahnen am Bahnhof Oberstadt.

Wer kennt sie noch, die alte nach dem Kriege wiedererrichtete Kanalbrücke, die inzwischen einer breiteren gewichen ist?

Fotos:
H. Solle/Sammlung Schütte

Haltestelle Karolingerring mit Tw 2 im Mai 1957.

Platzsparend und umweltfreundlich – so beförderte die „Elektrische" Jahr für Jahr ihre Fahrgäste. Tw 6 an der Feldschlößchen-Brauerei.

Fotos:
H. Solle/Sammlung Schütte

Tw 5 kreuzt das MKB-Anschlußgleis der Brauerei Feldschlößchen (4. Oktober 1959).

Foto:
H. Solle/Sammlung Schütte

Die Endhaltestelle Friedhof ist erreicht.

Sammlung A. Zühlke

c) Auf der Viktoriastraße 1929 nach Notthorn

Zum erstenmal treffen die beiden Schienenverbindungen Straßen- und Kleinbahn in Minden also auf der Linie zum Friedhof aufeinander. Auf der letzten – in zwei Etappen – vom EMR eingerichteten Strecke nach Meißen gehen sie dann sogar eine handfeste „Symbiose" ein: in Notthorn fädelt die meterspurige „Elektrische" für rund einen Kilometer in die Normalspurgleise der Mindener Kreisbahnen ein. Ängstlichen Gemütern flößte diese technische Glanzleistung nicht nur gehörigen Respekt vor dem ungewöhnlichen Drei-Schienen-System ein, sondern schlichtweg Unbehagen. Sie fragten sich beunruhigt, was geschieht, wenn beide Bahnen auf denselben Gleisen aufeinanderträfen?

Die Befürchtungen waren bei den eingebauten Sicherungsanlagen grundlos. Gehen wir aber zunächst einmal zurück zu den ersten Vorbereitungen für die Straßenbahnlinie, die im Anschluß an die Strecke zum Hauptbahnhof gebaut werden sollte. Sie liegen schon viele Jahre zurück. Bereits während des Ersten Weltkrieges, als gerade die neue Straßenbahn-Gesellschaft ihre vorgesehene Elektrifizierung und erste Streckenerweiterung zum Bahnhof wegen der Kriegssituation aufschieben mußte, wurde das weitere Streckennetz geplant. Am 30. November 1917 beantragte die Straßenbahn Minden die Linie vom Staatsbahnhof Minden auf der Provinzialstraße Minden – Kleinenbremen etwa bis Notthorn „im Anschluß an die ... bereits genehmigte Umwandlung der jetzigen Dampfbahn Porta – Minden in elektrischen Betrieb und Weiterführung derselben bis zum Hauptbahnhof." Sie soll gebaut und betrieben werden, „sobald die durch den Krieg geschaffenen Verhältnisse dieses technisch und wirtschaftlich zulassen."

Zusammen mit Bad Eilsener Kleinbahn?

Wie wir wissen, gehen einige Jahre und die spätere Errichtung der Teillinien nach Dützen und zum Friedhof darüber

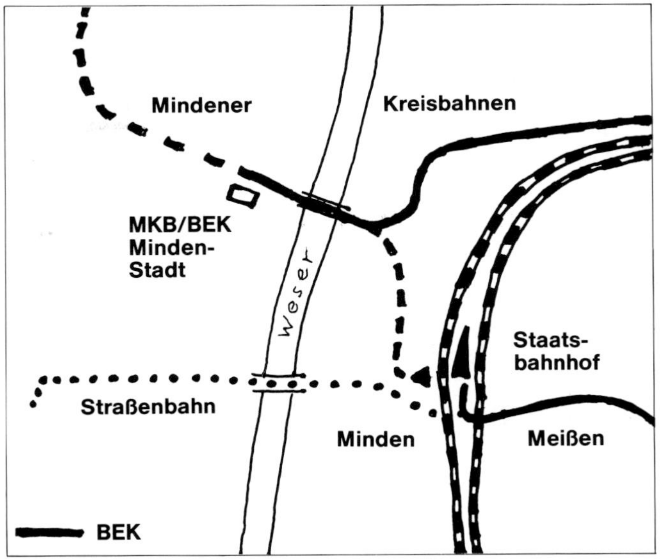

Zeichnung: I. Schütte

hin. In der Zwischenzeit ergeht aber an die Straßenbahn GmbH bzw. das EMR eine interessante Offerte des Fürstlichen Kabinetts von Schaumburg-Lippe: Der Fürst baut die »Bad Eilsener Kleinbahn« (BEK) von Bückeburg nach Bad Eilsen. Seine Anschlußlinie nach Minden (parallel zur vorhandenen Staatsbahn) könnte in Notthorn auf die geplante Linie der Mindener Straßenbahn übergehen und darauf zum Bahnhof führen.

Der Direktor des EMR, Hoffmann, zeigt großes Interesse an diesem Projekt. Die unterschiedlichen Spurweiten – Meterspur der Straßenbahn zur Normalspur der BEK – bringen aber unüberwindliche Hindernisse. Man hat sich zwar geeinigt, gegebenenfalls die Straßenbahn umzuspuren. Über die Aufteilung der nicht unerheblichen Kosten streiten sich die Parteien aber so lange, bis die beginnende Inflation einen Schlußstrich unter die Rechnung zieht, obwohl am 24. Juni 1920 noch die Genehmigung für eine gemeinsame Linie zwischen Meißen-Notthorn und dem Bahnhof erteilt worden ist. Die 1919 ab Notthorn stattdessen gemeinsam mit den Mindener Kreisbahnen im Zuge ihrer Kleinenbremer Strecke geführte BEK-Linie von Bückeburg nach Minden-Stadt hat nur eine Lebensdauer von 2 ½ Jahren; dann wird sie als unrentabel eingestellt.

In alle vier Himmelsrichtungen

Die Straßenbahn greift ihr Meißener Projekt 1927 wieder auf und beginnt parallel zum Bau der Friedhofslinie mit den Vorbereitungen der vierten und letzten Strecke. Sie vervollständigt dann das Bild der Mindener Straßenbahn, die vom Zentrum der Stadt aus in alle vier Himmelsrichtungen verkehrt:

1.) im Süden nach Porta (1893)
2.) im Westen nach Dützen (1925)
3.) im Norden zum [neuen] Friedhof (1928)
4.) im Osten nach Meißen (1929/30)

Diese letzte Strecke läßt sich nicht so einfach verwirklichen wie die vorherigen, die allesamt auf vorhandenen Straßen angelegt sind. In Meißen-Notthorn kreuzen die schon eben erwähnten Kreisbahnen die Straße nach Bückeburg und führen von hier weiter nach Meißen. Da bietet sich natürlich eine gemeinsam benutzte Schienenverbindung an. Angesichts der nötigen Elektrifizierung der Kleinbahnanlagen und besonderen Sicherungsmaßnahmen wird 1929 zunächst einmal die neue Straßenbahnlinie vom Bahnhof bis nach Notthorn ohne Einfädelung auf die MKB genehmigt.

Besondere Fahrleitung

Wie schon vorher auf der Strecke zum Friedhof werden die Schienen auf der Viktoriastraße geschweißt. Bis zur Bachstraße kommt die normale Mindener Straßenbahn-Fahrleitung zur Anwendung: zwei Fahrdrähte von je 65 qmm Querschnitt. Danach gibt es Vielfachaufhängung: bei einem Maststand von maximal 70 Metern wird ein Kupfer-Fahrdraht von 100 qmm Querschnitt an einem Drahtseil aus Stahl aufgehängt.

Begegnung zwischen MKB-T2 und Straßenbahn am Staatsbahnhof (1951). Foto: K. Herbener

Eröffnung am 15. Dezember 1929

Am 13. Dezember 1929 erfolgt die landespolizeiliche Abnahme der 2,07 km langen Straßenbahnlinie bis Notthorn. Unter der Überschrift „Die Notthornstrecke geht morgen in Betrieb" berichtet das »Mindener Tageblatt« in seiner Samstagsausgabe vom 14. Dezember:

Die Notthornstrecke geht morgen in Betrieb

Eine neue Straßenbahnlinie — Markt-Notthornt und zurück — Die neuen Haltestellen — Meißen-Notthorn Auobusverkehr

Am gestrigen Freitag fand die behördliche Abnahme der neuen Straßenbahnstrecke vom Reichsbahnhof nach Notthorn statt. Auf Grund des Ergebnisses der Abnahme wurde die Strecke für den Betrieb freigegeben. *Der fahrplanmäßige Betrieb soll bereits am Sonntag*, den 15. Dezember, *aufgenommen werden*.

Was die Ausführung der neuen Straßenbahnstrecke anbetrifft, berichteten wir bereits, daß hier ein schwerer Unterbau mit dem schwersten *Schienenprofil* zur Anwendung gelangte. Die Schienen sind durchweg geschweißt, so daß ein *ruhiges Fahren* der Straßenbahnwagen gewährleistet ist. Die Fahrleitung (Oberstromleitung) weicht von der bisherigen Ausführungsform insofern ab, als etwa von der Bachstraße ab die sogenannte Vielfachaufhängung zur Anwendung gelangte. Diese Ausführungsart findet man in ganz ähnlicher Form auch bei den in neuerer Zeit bei der Reichsbahn elektrifizierten Strecken.

Es sind *folgende Haltestellen* vorgesehen: Reichsbahnhof, Pionierstraße, Grille, Credo (die eigentliche Haltestelle befindet sich zwischen Credo und dem Südbruchweg), eine Zwischenhaltestelle bei Haus Nr. 33 in der Mitte zwischen Credo und Notthorn, und schließlich als Endhaltestelle die Kreuzung der Kreisbahn mit der Provinzialstraße in Notthorn.

Die Wagen der neuen Linie nach Notthorn verkehren *vom Markt nach Notthorn und umgekehrt*. Der Fahrplan ist so eingerichtet, daß die von Notthorn kommenden Fahrgäste am Markt mit kurzem Aufenthalt nach Porta weiterfahren können. Desgleichen ist in der umgekehrten Richtung am Markt Anschluß vorhanden. Der Fahrplan auf den übrigen Strecken ist natürlich der gleiche geblieben, auch besteht zwischen Bahnhof und Stadt ein gleichmäßiger 10-Minuten-Verkehr wie bisher. Der Fahrplan selbst wird an sämtlichen Haltestellen zum Aushang gebracht.

Interessieren dürfte natürlich besonders der Tarif für die neue Linie. Die beiden Teilstrecken Wesertor—Pionierstraße, bezw. Credo—Bahnhof überschneiden sich, so daß man beispielsweise für 15 Pfg. von der Wilhelmstraße oder Simeonsstraße, bezw. vom Friedhof oder Lübbeckerstraße für 20 Pfg. bis zur Pionierstraße fahren kann. In umgekehrter Richtung kann man von Notthorn bis zum Bahnhof für 15 Pfg. fahren. Der Fahrpreis von Notthorn bis Wesertor beträgt nach dem allgemeinen Tarif 20 Pfg.

Versuchsweise wird zwischen dem Dorf Meißen (Kohlengrube) und der Endhaltestelle Notthorn ein Autobus-Pendelverkehr eingerichtet. Der Autobus nimmt in Notthorn die nach Meißen fahrenden Fahrgäste auf und fährt 4 Minuten bevor der Straßenbahnwagen von Notthorn wieder zur Stadt fährt, von der Kohlengrube ab, so daß der Omnibus stets in beiden Richtungen Anschluß an den Straßenbahnwagen in Notthorn hat. Der Straßenbahnwagen selbst hat in Notthorn 13 Minuten Aufenthalt.

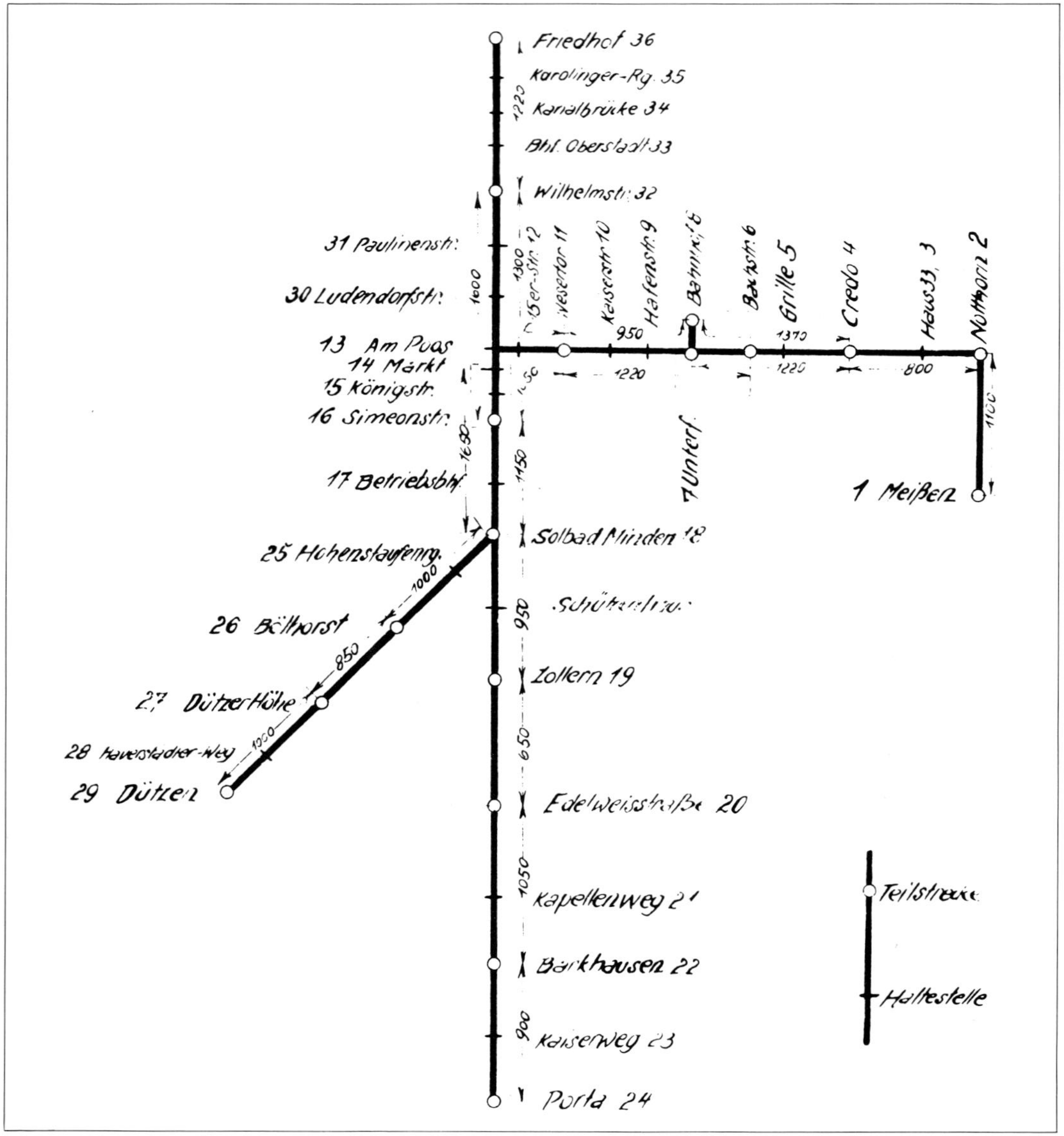

Teilstreckenbild der Straßenbahn Minden von 1936.

Staatsarchiv Detmold

d) Von Notthorn bis Meißen 1930 auf MKB-Gleisen

Regelspuriger und von einer Dampflok geführter Kohlenzug der Mindener Kreisbahnen unter der Fahrleitung der meterspurigen Straßenbahn Minden auf der Gemeinschaftsstrecke zwischen Notthorn und Meißen im Juni 1952.

Foto:
H. Solle/Sammlung Schütte

Mindener Kreisbahnen.

Dienst- und Sicherheitsvorschriften

für den Gemeinschaftsbetrieb der Mindener Kreisbahnen und der Straßenbahn Minden G. m. b. H.

zwischen den Bahnhöfen

Notthorn und Meißen

der Strecke Minden – Kleinenbremen

Druckerei Kempe, Minden R 11 5 46 Kl A 35472005

Das technisch interessanteste Teilstück der Straßenbahn Minden dürfte zweifellos der letzte Abschnitt von Notthorn bis Meißen-Dorf sein.

Die Mindener Kreisbahnen haben 1918/21 eine Kleinbahnlinie von Minden über Meißen nach Kleinenbremen eröffnet. Die ursprünglich meterspurige Anlage bekam aber schon 1924 zwischen Notthorn (MKB-km 4,6) und Meißen (6,1) ein zusätzliches drittes Gleis für normalspurigen Güterverkehr zur Kohlengrube; von Notthorn nach Minden lag das dritte Gleis noch aus dem wieder eingestellten Normalspurverkehr der Bad Eilsener Kleinbahn.

Dem Betrachter kamen die Gleisanlagen recht verwirrend vor; sie ließen aber ohne weiteres auch noch den zusätzlichen Straßenbahnverkehr auf dem Schmalspurgleis zu. Voraussetzung war freilich die Elektrifizierung des 1,1 Kilometer langen Streckenstücks, auf dem die MKB ihre Dampflokomotiven einsetzte. Über die elektrische Anlage sagen die „Sicherheitsvorschriften für die Gemeinschaftsstrecke Notthorn–Meißen" vom 27. November 1930 u. a. folgendes aus:

„§ 2
Auf der Gemeinschaftsstrecke von der Straße Minden–Bückeburg bis zur Dorfstraße in Meißen befindet sich eine Fahrleitung, die an Querdrähten aufgehängt ist. Die Querdrähte werden von Holzmasten gehalten. Die Triebwagen der Straßenbahn entnehmen den Strom aus der Fahrleitung mittels Schleifbügels. Auf dem Bahnhof Meißen wird die Fahrleitung teilweise durch Eisenmaste mit Auslegern, teilweise durch Eisenmaste mit Querdrähten gehalten. Außer dem Hauptgleis ist am Bahnhof Meißen noch ein Gleis zwischen Weiche 9 über Weiche 10 bis zur Weiche 8 mit Fahrleitung versehen…

§ 4
Der Fahrdraht liegt auf der Gemeinschaftsstrecke 5,50 m über Schienenoberkante, er führt Gleichstrom von 600 Volt

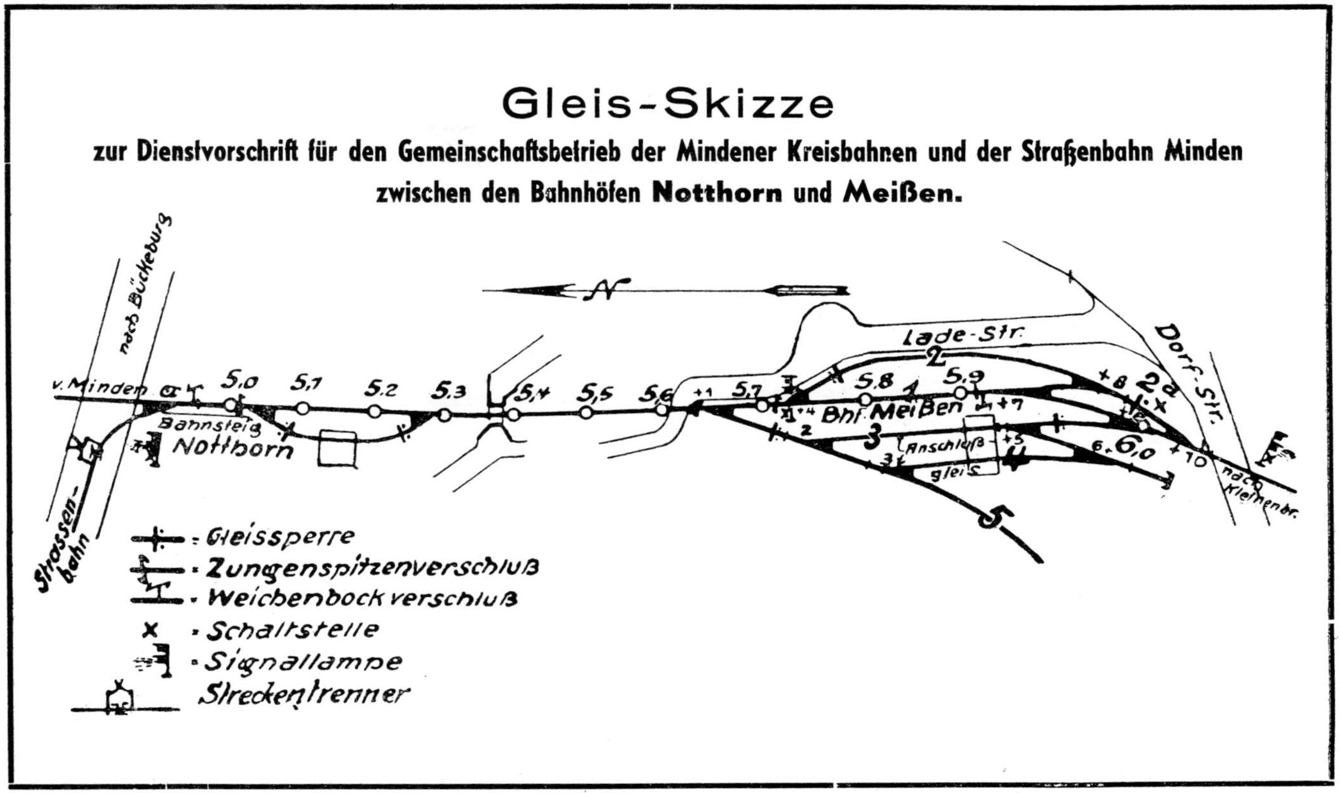

Gleis 1 und 2 dreischienig.

Sammlung H. Krumme

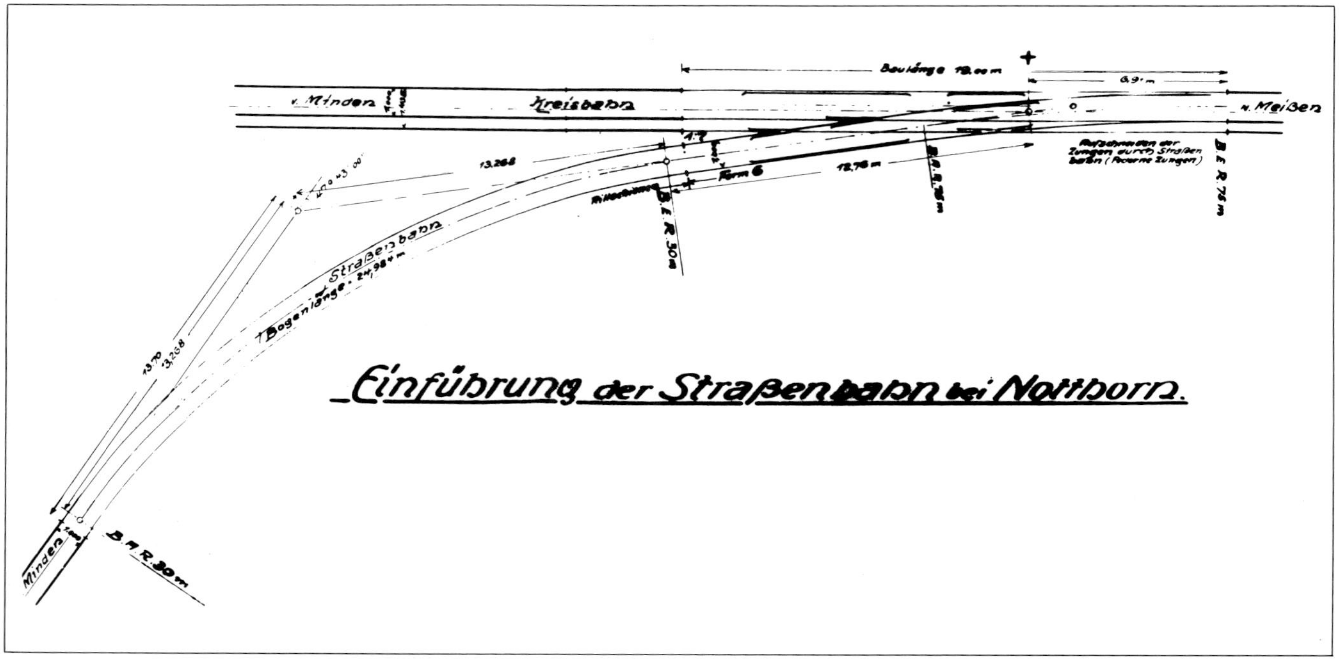

Staatsarchiv Detmold

Spannung. Die Spannung ist also 3mal so hoch wie die übliche Spannung von elektrischen Lichtleitungen, die bereits lebensgefährlich ist. Die Bediensteten haben auf der Gemeinschaftsstrecke ihr Verhalten den Gefahren, in deren Bereich sie ihren Dienst verrichten, anzupassen...“

Am 13. Dezember 1930, genau ein Jahr nach dem ersten Teilstück, wird auch dieser letzte Abschnitt dem öffentlichen Verkehr übergeben. Der zwischenzeitlich eingerichtete Pendelbus zwischen Ortsmitte und Notthorn kann damit eingestellt werden, und mancher „Drahtesel“ der Dorfbewohner bleibt von nun an im Stall. Und was die vorsichtige Zurückhaltung ängstlicher Gemüter angesichts des Gemeinschaftsbetriebes zweier Bahnen angeht, so sind die Bedenken unbegründet.

Friedlich vereint an der Endhaltestelle Meißen: T6 der MKB und zweiteiliger Straßenbahnzug (Juni 1952).

Foto: H. Solle/Sammlung Schütte

Die Presse schreibt dazu unter der Überschrift „Sicherheit der Reisenden gewährleistet" unter anderem:

ws. Heute morgen sind zum ersten Male einige Meißener stolz mit der Straßenbahn nach Minden gefahren. Ganz Meißen freut sich über diese neue günstige Verbindung; alle halbe Stunde nach Minden — was will man mehr? Und auch so mancher in Meißen Beschäftigte wird jetzt sein Fahrrad auf den Boden stellen, denn die Straßenbahn bringt ihn ja viel schneller und besser zur Arbeitsstelle, als der lästige Drahtesel.

Nur ein alter Meißener Großvater betrachtet die Angelegenheit mit gemischten Gefühlen. Als die Großmutter ihm sagte: „Du, morgen fahren wie elektrisch in die

Eine Erinnerung an den Kohlebergbau in Meißen: Von der Zechenanlage Notthorn (im Hintergrund) führte eine Seilbahn zum alten Schacht nach Meißen, wo die Kokskohle in Güterwaggons der Kreisbahnen geladen wurde.
Die Regelspurweiche in Bildmitte führt in ein Dreischienengleis der Gemeinschaftsstrecke Meißen–Notthorn.

Foto:
H. Solle/Sammlung Schütte

Stadt", da kraute er sich bedenklich hinter den Ohren, nahm die Pfeife aus dem Mund und knurrte: „Das ist mir zu gefährlich!" Die ganze Familie geriet ob dieser „Rückständigkeit" in Zorn, aber der Alte erklärte, er habe keine Lust, sich von der Kreisbahn zertrümmern zu lassen. Von Kleinenbremen und von Minden könne jeden Augenblick ein Zug kommen, dazu auch noch von den Anschlußgleisen der Zeche. Die Züge könnten doch nicht riechen, daß gerade er mit einem Straßenbahnwagen auf dem Geleise wäre.

Der gute Alte fürchtet sich umsonst. Durch einen ganz raffinierten Trick hat die Straßenbahn nämlich dafür gesorgt, daß eine unliebsame Begegnung mit der Kreisbahn ausgeschlossen ist. Bevor ein Straßenbahnwagen in Notthorn auf das Geleise der Kreisbahn übergeht, muß der Schaffner die ganze 1,2 Kilometer lange Strecke von Notthorn bis Meißen verriegeln. Er geht an den rechter Hand angebrachten Kasten, schließt ihn auf und dreht an einem Wechselschalter. Im Augenblick glühen an diesem Kreuzungspunkt, ferner an der Einmündung des Zechengeleises Meißen und am Ausgang des Bahnhofs Meißen rote Lampen auf. Jetzt kann der Wagen unbesorgt nach Meißen fahren, denn jeder Zug muß vor dem warnenden Licht halten. In Meißen fährt die Straßenbahn auf ihr Nebengleis, der Schaffner bedient wieder einen ähnlichen Schalter und schon verkünden alle drei Lampen mit grünem Licht, daß die Strecke frei ist. In der selben Weise wird die Rückfahrt gesichert, und auch die Kreisbahn muß, bevor sie auf das Gemeinschaftsgleis übergeht, die Strecke sperren.

Die „Dienst- und Sicherheitsvorschriften für den Gemeinschaftsbetrieb der Mindener Kreisbahnen und der Straßenbahn Minden" regeln die Benutzung der Bahnanlagen. Sie besagen u. a.:

„§ 1
Die Sicherung der Zugfahrten auf der Gemeinschaftsstrecke erfolgt durch eine Tageslichtsignalanlage, die bei den Kleinbahnzügen von dem Zugführer, bei Lokomotivfahrten von dem Lokomotivführer und bei den Straßenbahnzügen von dem Schaffner des Motorwagens bedient wird…

§ 2
… Die Straßenbahnwagen fahren in Gleis 1 (Hauptgleis) ein. Die Gemeinschaftsstrecke bleibt so lange gesperrt, bis der Wagen sie in Notthorn wieder verläßt. Nur Sonderwagen und etwaige stehenbleibende Anhängewagen sind in Gleis 2a abzustellen…

§ 5
Auf der Gemeinschaftsstrecke dürfen Züge der MKB und der Straßenbahn mit einer Höchstgeschwindigkeit von 30 km verkehren. Dagegen ist die Geschwindigkeit … bei Nebel und unsichtigem Wetter auf 10 km für Züge der MKB, auf 15 km für Straßenbahnzüge zu ermäßigen. Außerdem sind in diesen Fällen die Züge zu beleuchten…"

Meißen hat also innerhalb eines Jahrzehnts zwei Bahnverbindungen nach Minden bekommen: Dampfzüge der MKB über Dankersen, Friedrich-Wilhelm-Straße nach Minden-Stadt an der Hermannstraße und Triebwagen der Straßenbahn zum Bahnhof, jeweils mit Anschlußverkehr. Schon 1895 hatte ein interessierter Maschinenfabrikant aus Hannover dem Amt Hausberge einen Vorschlag gemacht, wie die Orte mit der Stadt zu verbinden seien: eine elektrische (Akkumulatoren-)Kleinbahn über die Gemeinden Neesen, Lerbeck und Meißen zum Bahnhof in Minden und von dort per Pferdebahn (wegen der beiden relativ schmalen Brücken) zum Kleinen Domhof. Er reihte sich damit in die „concurrierenden" Projekte der kleinbahnfreudigen Jahrhundertwende ein, die nicht verwirklicht wurden.

Neue Straßenbahn-Strecke eröffnet

Notthorn-Meißen ab Samstag

Die Betriebsleitung der Straßenbahn teilt mit:

Gestern vormittag fand die landespolizeiliche Abnahme der Gemeinschaftsstrecke von Nordhorn nach Bahnhof Meißen statt. Die Signalanlage, die der Sicherung des Verkehrs dient, wurde geprüft und in Ordnung befunden, desgleichen die Weichenanlage, so daß von seiten der Aufsichtsbehörde keine Bedenken gegen die Aufnahme des Betriebs bestehen. Der planmäßige Betrieb wird nunmehr bestimmt am Sonnabend, dem 13. Dezember aufgenommen werden.

*

Die Vertreter der Behörde, Landrat Petersen und Bürgermeister Günther, Hausberge, sowie die Herren der Gemeindevertretung wohnten der Einweihung bei. Die Schulkinder hatten sich an der Endstation Meißen aufgestellt und jubelten dem Wagen froh entgegen. Beim Gastwirt Brune fand noch ein kurzes Beisammensein statt. Gemeindevorsteher Forstmeyer sprach im Namen der Gemeinde seinen Dank aus, daß man dem lang ersehnten Wunsche der Dorfbewohner endlich nachgekommen sei, den Ausbau dieser Strecke vorzunehmen.

Landrat Petersen hob hervor, daß der Straßenbahnbau in dieser wirtschaftlich schweren Zeit wohl einzig dastehe. Die Gemeinde könne sich über dieses Weihnachtsgeschenk freuen und sie müsse sich, so führte er launig aus, wie brave Kinder dankbar erzeigen und die Bahn recht fleißig benutzen.

Der Vertreter der Reichsbahndirektion Hannover wies auf die großen technischen Schwierigkeiten hin, die mit Rücksicht auf die Betriebssicherheit zu überwinden waren. Alle technischen Probleme seien zur vollsten Zufriedenheit gelöst worden. Auch der Vertreter der Regierung in Minden sprach seine Anerkennung aus und dankte der Gemeinde für die herzliche Aufnahme.

*

Die Wagen verkehren ab Samstag vormittag nach folgendem Plan:

		W	W	W				S	S
Bahnhof Minden	ab	6^{13}	6^{43}	7^{13}	7^{43}	usw. halbstündl. bis	20^{43}	21^{13}	21^{43}
Notthorn		6^{20}	6^{50}	7^{20}	7^{50}		20^{50}	21^{20}	21^{50}
Meißen Amt	an	6^{23}	6^{53}	7^{23}	7^{53}		20^{53}	21^{23}	21^{53}
Meißen Amt	ab	6^{26}	6^{56}	7^{26}	7^{56}		20^{56}	21^{26}	21^{56}
Notthorn		6^{29}	6^{59}	7^{29}	7^{59}		20^{59}	21^{29}	21^{59}
Bahnhof Minden	an	6^{36}	7^{06}	7^{36}	8^{06}		21^{06}	21^{36}	22^{06}

W = nur Werktags; S = nur Sonntags

Aus dem Eröffnungsbericht des »Mindener Tageblattes«.

Straßenbahn zwischen Bahnhof und Meißen

Fahrgäste besteigen die „Elektrische" an der Haltestelle Bachstraße.

Die Straßenbahn mitten auf der Viktoriastraße (5. Mai 1956).

Fotos: H. Solle/Sammlung Schütte

Einfädeln von der Bundesstraße in das Drei-Schienen-Gleis: Tw 4 mit Bw 106 am 21. Juni 1956.

Tw 2 und Bw 103 bei der Zechenanlage Notthorn.

Fotos:
H. Solle/Sammlung Schütte

Am Endbahnhof Meißen nimmt der Triebwagen 7 den zweiachsigen Beiwagen 112 zur Fahrt in Richtung Friedhof auf.
Foto: H. Solle/Sammlung Schütte

Einen - selten fotografierten - Eindruck von der Frequentierung der Straßenbahn gibt dieses Bild von der Endhaltestelle Meißen, auf dem Tw 1 umsetzen muß zum Bw 113 (14. April 1955).

Foto: D. Höltge

Beim Umsetzen in Meißen: der Schaffner, gleichzeitig Rangierer, legt die Weiche für den Tw 7 im Juni 1952.

Foto: H. Solle/Sammlung Schütte

Ein frühes Foto von den neuen Straßenbahnfahrzeugen aus dem Jahr 1927: Triebwagen 8 und Beiwagen 114 sowie 115.
Sammlung Dr. Löttgers

e) Ausbau des Fahrzeugparks – Neue Trieb- und Beiwagen

Mit Eröffnung der letzten Straßenbahnlinie beträgt die gesamte Gleislänge 16,20 km, von denen 13,87 km auf öffentlichen Straßen verlaufen.

Die seit 1925 neu hinzugekommenen drei Linien erfordern auch zusätzliches Fahrzeugmaterial; die vorhandenen sieben Triebwagen und zehn Beiwagen noch aus der Dampfstraßenbahnzeit bedürfen dringend der Ergänzung bzw. Erneuerung.

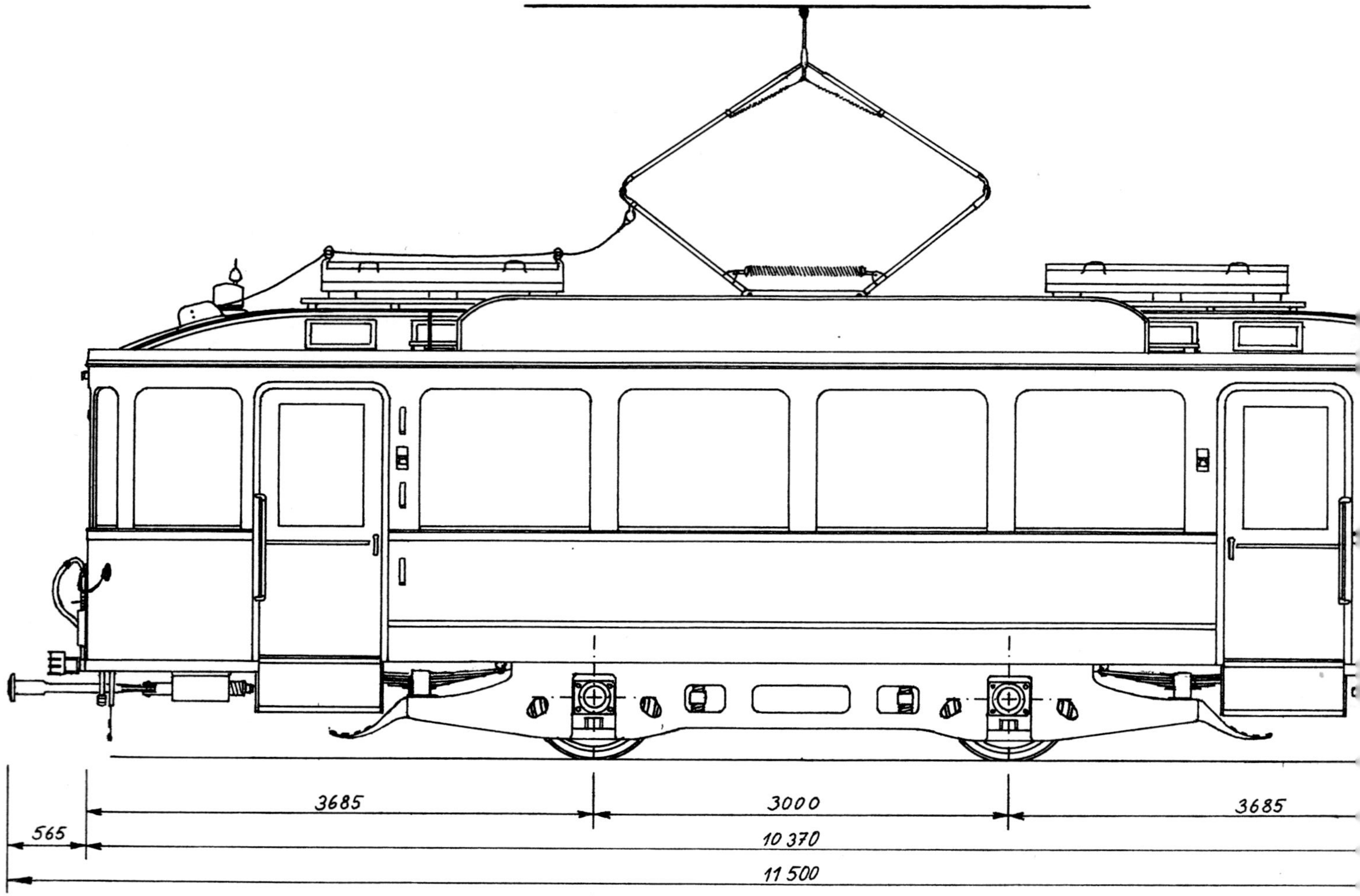

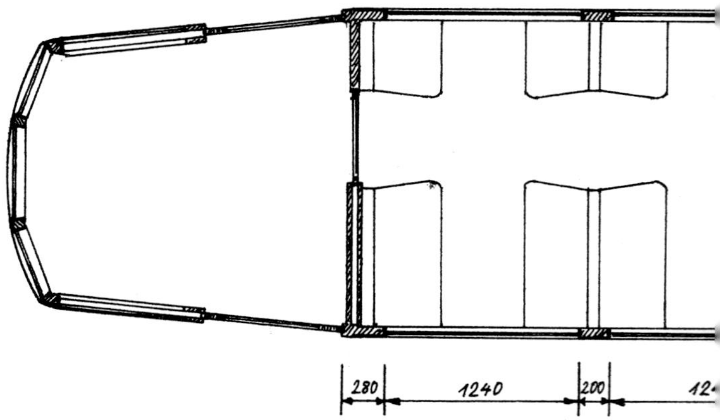

Triebwagen 8–11.

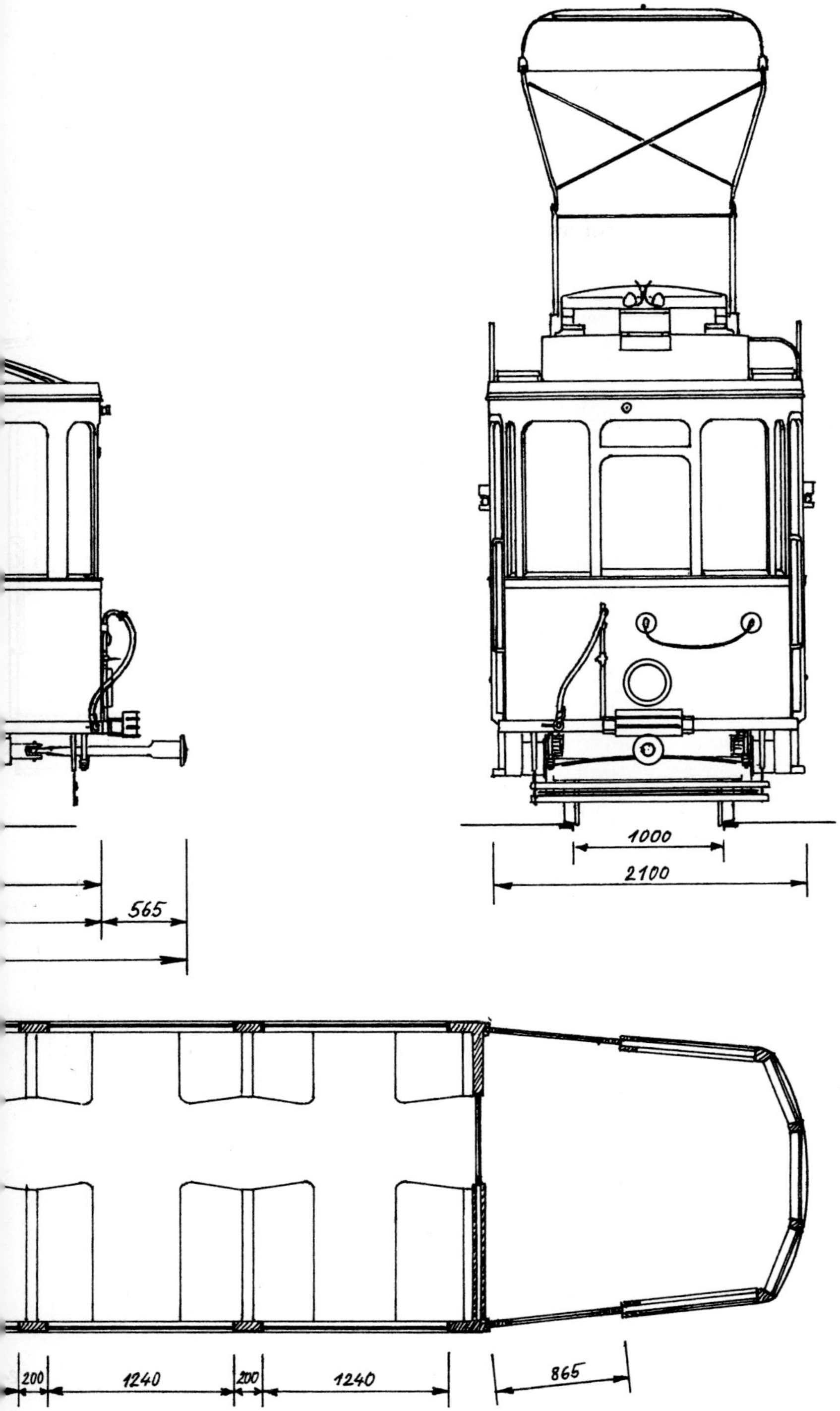

Gezeichnet nach Fotos der Triebwagen 8, 10 u. 11 sowie einer Werksskizze der Bei= wagenserie 101 - 106 (W.F. Uerdingen)
Alle angegebenen Maße ±50 mm bis ±100 mm

Maßstab 1:50 (20 mm ≙ 1 m)

Minden im Dezember '84

Klaus Busse

Tw 9 Anfang der 50er Jahre im Scharn. Auch die Linie zum Friedhof wird im Hintergrund befahren.
Kommunalarchiv Minden

Neue Triebwagen 1927

Erst 1927 kommen neue Motorwagen zur Straßenbahn Minden. Es handelt sich wie schon bei denen aus dem Baujahr 1920 um zweiachsige Fahrzeuge, die ihnen auch äußerlich sehr ähnlich sind. Lediglich die Dachpartie sieht anders aus, ansonsten stimmen die Maße, Fenster- und Sitzteilungen überein. Eine kleine technische Variante gibt es: Während bei den zuerst gelieferten Triebwagen die Achskompressoren außen liegen, werden sie bei den nachbestellten Fahrzeugen nach innen verlegt (die Kunze-Knorr-Luftdruckbremse diente als Betriebsbremse).

Wie alle Triebwagen der zweiten Bauserie aus dem Jahre 1927 stammt auch der Tw 10 von der Firma Schöndorf in Düsseldorf.

Foto: D. Höltge

Zum Vergleich die erste Triebwagenserie Tw 1-7: geänderte Dachpartie an den Wagenenden; eckige, nicht abgerundete obere Fensterkanten im Führerstands-Plattformbereich, nicht unterteiltes Stirnfenster. Tw 3 im Jahre 1950.

Foto: H. Solle/Sammlung Schütte

Triebwagen 11 am 19. November 1958 in Porta. Foto: A. Spühr

Die Nummern 112 und 113 aus dem Jahre 1926 sind die einzigen zweiachsigen Beiwagen der Straßenbahn Minden. Ihr Äußeres gleicht sehr den Triebwagen.

Oben: Bw 112 am 8. März 1957, Endstation Friedhof.

Foto: A. Spühr

Links: Bw 113 im Jahre 1959 an der Endhaltestelle Porta.

Foto: H. Solle/Sammlung Schütte

Die vier neuen Triebwagen kommen von der Firma Schöndorf aus Düsseldorf, der heutigen DUEWAG, die elektrische Ausrüstung stammt wiederum von den Siemens-Schuckert-Werken. Die Wagen erhalten die Betriebsnummern 8 bis 11. Mit Datum vom 12. September 1927 genehmigt die Preußische Kleinbahnaufsicht bei der Eisenbahndirektion Hannover die neuen Fahrzeuge der Straßenbahn Minden. Mit ihnen ist der höchste Bestand an Triebwagen erreicht, und sie tun bis zum Ende des schienengebundenen Nahverkehrs in Minden ihren Dienst.

In das Jahr 1927 fällt auch der Austausch der völlig verrosteten Eisenschwellen gegen solche aus Holz auf der Strecke nach Porta.

Straßenbahn-Beiwagen in Etappen beschafft

Angesichts ihres hohen Alters und starker (Ab-)Nutzung ist ein Ersatz der alten Beiwagen Mitte der zwanziger Jahre längst überfällig; eine rechtzeitige Beschaffung moderner Fahrzeuge hatte die prekäre finanzielle Lage der Bahn bei der Umstellung auf elektrischen Betrieb verhindert.

Doch 1926 endlich erscheinen zwei neue Beiwagen in Minden. Sie sind im Gegensatz zu den alten Winterwagen und zu allen später beschafften Anhängewagen zweiachsig. Betrachtet man ihr Äußeres, so ist das Bemühen offenkundig, den Triebwagen gleichsam ein antriebsloses Pendant an die Seite zu stellen bzw. an die Kupplung zu hängen.

So haben diese Beiwagen ebenfalls eine dreifenstrige Stirnfront, einen entsprechenden Einstiegsbereich bei den geschlossenen Plattformen und auch vier Seitenfenster im Fahrgastraum; sie weisen allerdings zusätzlich oben schmale Lüftungsfenster auf. Leider sind ursprüngliche Zeichnungen, Beschreibungen oder ähnliches von diesen Wagen nicht mehr vorhanden. Doch geht man von gleicher Sitzanordnung und -teilung (Quersitze, 2 + 1) wie bei den Triebwagen aus, so haben die 1926 gelieferten Fahrzeuge ebenfalls 24 Sitzplätze. Hersteller ist die Firma Heinze & Hollender in Elze.

Fahrzeugnumerierung ohne System?

Die eben beschriebenen Wagen erhalten für kurze Zeit die Betriebsnummern 12 und 13, dann 112 und 113. Was auf den ersten Blick nach willkürlicher Bezeichnung aussieht, enthüllt bei genauerer Untersuchung dennoch sein System.

Die alten Winterwagen der Dampfstraßenbahn trugen ursprünglich die Nummern 1 bis 10, was unproblematisch war, da die Lokomotiven Namen besaßen. Die elektrischen Triebwagen wurden jedoch auch mit 1 fortlaufend numeriert. Um Verwechslungen auszuschließen und Eindeutigkeit herzustellen, erhielten die Winterwagen die Betriebsnummern 101 bis 110. Die 1926 und 1927 neu angeschafften Beiwagen bekamen dann die nächsten Ziffern angeschrieben. Ab 1928 nahm man die Winterwagen aus dem Betriebsdienst, und die Neubaufahrzeuge der Jahre 1933 und 1936 wurden mit den freiwerdenden Betriebsnummern (ab 101) versehen. Auf diese Weise erklärt sich die Diskrepanz zwischen den fortlaufenden Betriebsnummern und den zugehörigen Baujahren - Wagen 113 ist älter als Wagen 101 - sowie die Lücke in der Numerierung - nicht alle zehn Winterwagen wurden ersetzt.

Ganz ähnlich wie das Nummernschema der Straßenbahn sieht das der Mindener Kreisbahnen aus, es wurde wohl übernommen: Auch die MKB-Triebfahrzeuge (Dampflokomotiven) erhielten die Nummern ab 1, die Personenwaggons dreistellige ab 100.

Diese Postkarte zeigt, daß Anfang der 30er Jahre noch nicht auf die inzwischen recht betagten Beiwagen der früheren Dampfstraßenbahn verzichtet werden kann. Der moderne Bw im Zug links trägt die Betriebsnummer 12, woraus später 112 wurde.

Sammlung A. Spühr

Alter Beiwagen zum Salzwagen umgebaut

Bleibt die Frage, warum der erste der 1926 neu gebauten Beiwagen die Betriebsnummer 112 und nicht 111 - nach den Winterwagen 101 bis 110 - erhielt. Nun, es gab auch für kurze Zeit einen Wagen mit der betreffenden Nummer im Betriebsdienst. Er kam als gebrauchter Zweiachser von der Rheinischen Bahn-Gesellschaft in Düsseldorf (dort Nummer 11) und wurde schnell zum Sorgenkind der Mindener Straßenbahn. Der 111 zeigte nämlich überaus schlechte Fahreigenschaften, er entgleiste häufig. Deshalb entschloß man sich schon nach wenigen Jahren, ihn aus dem Betrieb zu nehmen und zum „Salzwagen" umzubauen.

Leider existiert kein Bild von diesem Dienstfahrzeug der Mindener Straßenbahn. Natürlich war er nur im Winter zu sehen, wenn es galt, die Schienenwege vom Eis freizubekommen. Dann wurde der Salzwagen vor einen Triebwagen gespannt, und zwei Mann schaufelten bei langsamer Fahrt vor allem in den Steigungen (z. B. Marienstraße) Salz auf die Schienen - und nicht selten für die noch wenig genutzte Straße gleich mit.

Neben diesem Dienstwagen verfügte die Straßenbahn noch über einen Turmwagen für Reparaturarbeiten an der Fahrleitung.

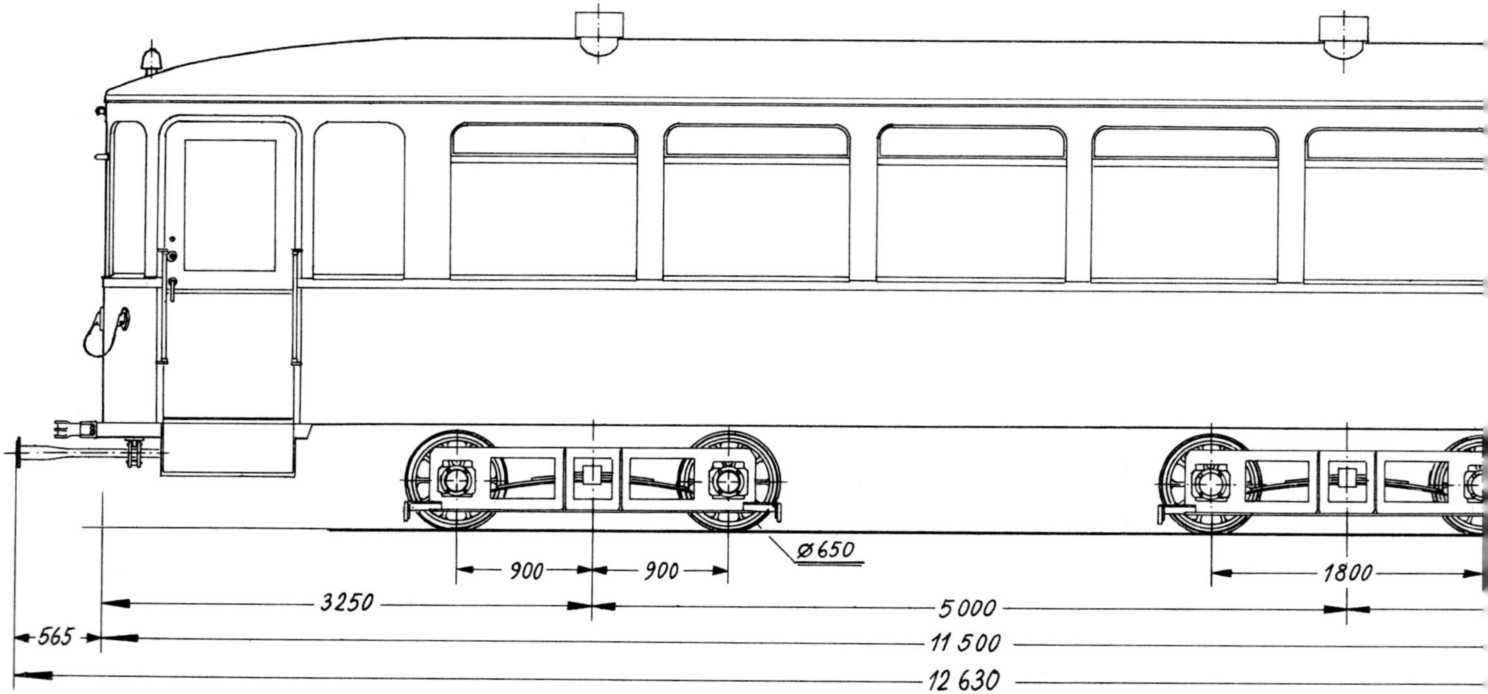

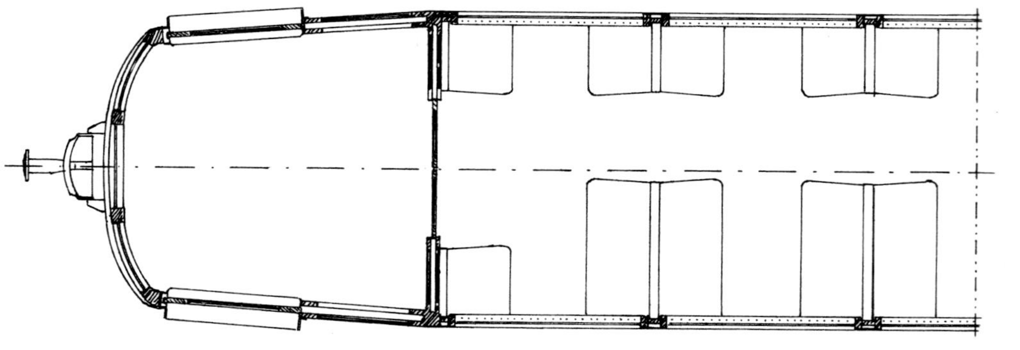

Beiwagen 114 und 115.

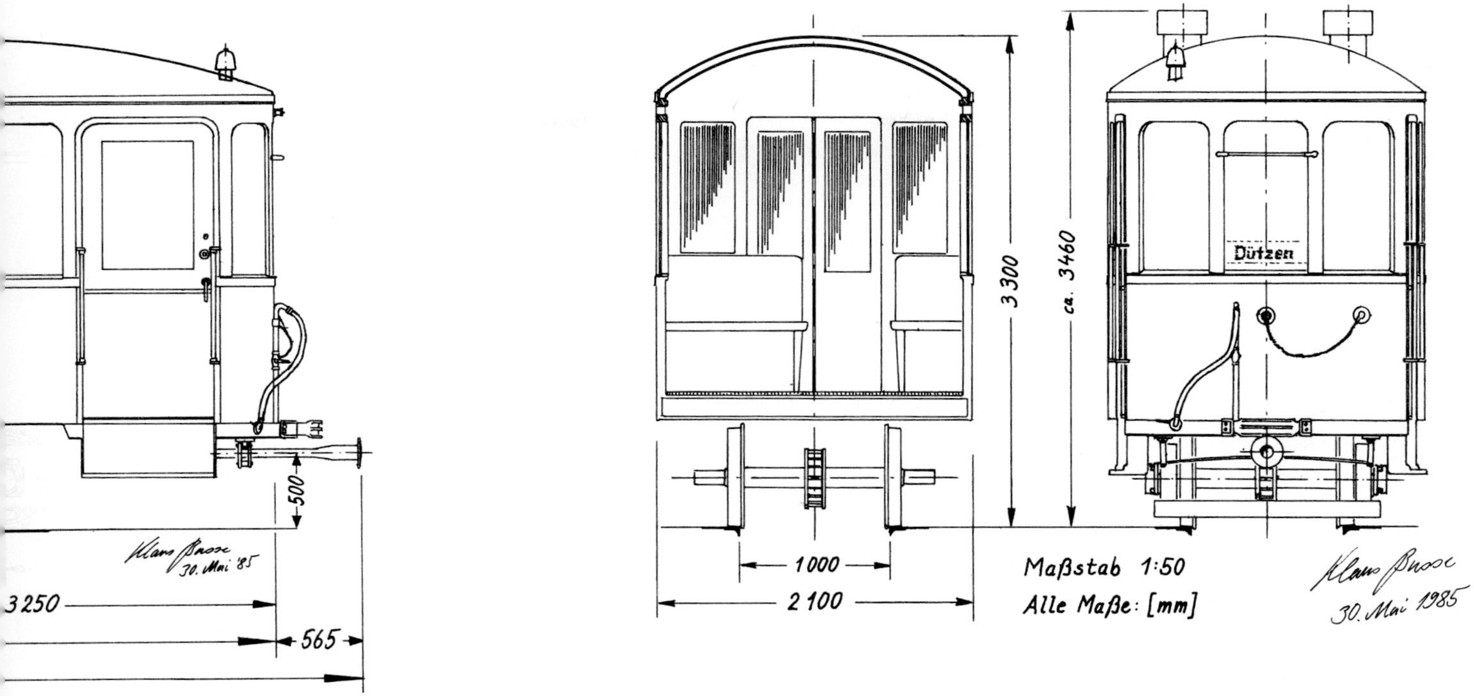
3 250
565
500
1000
2 100
3 300
ca. 3460
Dützen
Maßstab 1:50
Alle Maße: [mm]

Der 1927 gebaute Bw 114 gibt im Juni 1952 quasi ein Gastspiel in Minden; denn schon 1945 ging er leihweise an die Herforder Kleinbahn (wo eine Rücklampe angebaut wurde, deren Spuren deutlich sichtbar sind), bevor er dort 1954 endgültig heimisch wird.

Foto:
H. Solle/Sammlung Schütte

Der ehemalige Bw 114 im Mai 1961 auf Sylt.
Er trägt noch die Betriebsnummer 34 der Herforder Kleinbahn sowie deren Wappen.

Deutlich zu erkennen der im Text erwähnte Umbau des Plattformbereichs.

Sammlung H. Krumme

Schon 1945 ging der 1927 gebaute Bw 115 zur Herforder Kleinbahn. Foto: D. Höltge

1927 weitere Beiwagen

Ein Jahr nach den ersten beiden Beiwagen-Neubauten setzt die Straßenbahn die Beschaffung fort. Nunmehr läßt sie zwei gleichartige vierachsige Drehgestellwagen bei Schöndorf in Düsseldorf bauen. Diese Firma lieferte auch die zweite Serie der Triebwagen im Jahr 1927, wie wir gesehen haben.

Die neuen Beiwagen sind 12,60 Meter lang, wiegen 10,5 Tonnen und bieten 30 Sitzplätze. Sie haben fünf Seitenfenster im Fahrgastraum und - natürlich - geschlossene Plattformen. Die Wagen laufen als 114 und 115, womit die höchsten Betriebsnummern erreicht sind. (1)

(1) Nur durch - unfallbedingten? - Umbau zu erklären ist, warum sich auf späteren Fotos von der Herforder Kleinbahn der Einstiegsbereich der beiden Wagen unterschiedlich darstellt. Beim ehemaligen 114 ist das Plattformfenster an das Wagenende gerückt anstelle der Schiebetür.

Straßenbahnzug am Simeonsplatz. Gut lassen sich die erste und letzte Beiwagen-Serie (Bw 112 und 105) erkennen, 29. April 1959.

Foto: H. Solle/Sammlung Schütte

Straßenbahn kontra Autoclub

Schon 1930 belegt ein Briefwechsel zwischen dem Mindener Automobilclub, der Straßenbahn und der zuständigen Kleinbahnaufsicht in Hannover, daß die Elektrische erste Probleme mit dem aufkommenden Individualverkehr hat. Sehr selbstbewußt fordert der Autoclub, die Triebwagen müßten in den Fällen ihre Scheinwerfer abblenden, in denen auch die Autos dies tun müßten.

Nach langem Hin und Her einigt man sich im April 1930. Die Triebwagen der Straßenbahn erhalten mattierte Glühlampen; außerdem wird die Scheinwerferachse gesenkt, so daß der Mittelstrahl etwa 35 Meter vor den Autos die Fahrbahn trifft. Auf diese Weise wird das Abblenden der Triebwagen, das eine große Belastung für das Personal dargestellt hätte, überflüssig.

Schon früh bekommt also die Straßenbahn einen Vorgeschmack von künftigen Auseinandersetzungen mit der Autofahrerlobby, die in zunehmendem Maße die Straße für sich allein beanspruchen wird (bis zum Verdrängen der Radfahrer auf die Bürgersteige in unseren Tagen).

6 neue Beiwagen 1933/36

1933 erhält die Straßenbahn Minden drei neue Beiwagen von der Waggonfabrik Uerdingen, Krefeld. Drei Jahre

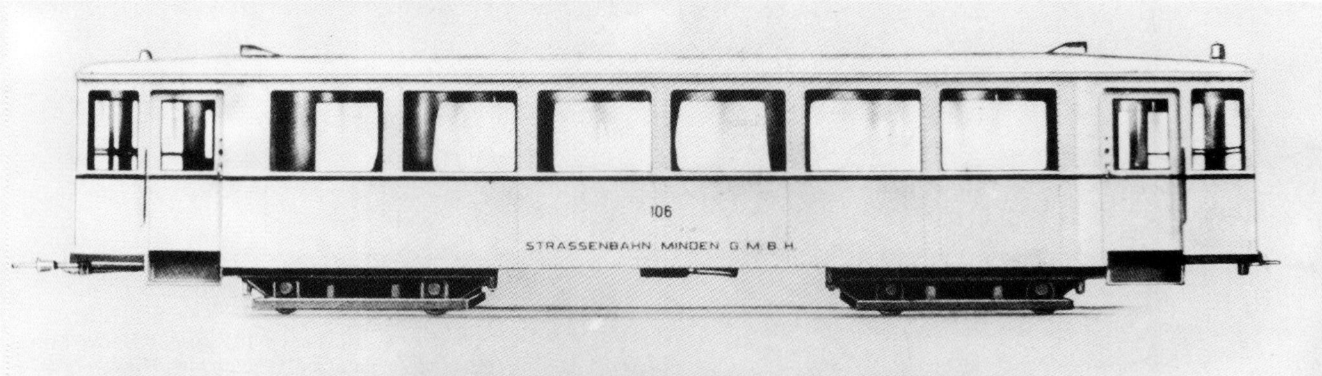

Anhängewagen der Straßenbahn Minden in Leichtbauart

Sammlung Dr. Löttgers

später werden von Lindner, Ammendorf, nochmals drei dieser baugleichen Drehgestell-Fahrzeuge geliefert. Sie sind aus mehreren Gründen von besonderem Interesse. Zunächst hat es in den dreißiger Jahren nur sehr wenige vierachsige Straßenbahn-Beiwagen gegeben. Dazu sind diese Wagen nach zeitgemäßen Fertigungsmethoden hergestellt, das heißt der Wagenaufbau ist nicht mehr aus Holz, sondern aus Metall.

Glücklicherweise verfügen wir bei diesen Leichtstahlwagen über genauere Kenntnisse als bei den anderen Fahrzeugen der Mindener Straßenbahn. So sei aus dem Auftragsbuch der Firma Uerdingen zitiert (7. Januar 1933):

„Com. Nr. 2273
Besteller: Straßenbahn Minden G.m.b.H.,
Herford i. W.
Schließfach 504

3 vierachsige Anhängewagen für 1000 mm Spurweite, ... in unserer Leichtstahlbauart, mit 36 Sitzplätzen im Wagenkasten und 22 Stehplätzen auf den Plattformen, Drehgestelle mit 1800 mm Radstand, Radsätze mit 640 mm Laufkreis-ø, Radreifen 35 mm stark, Achsbuchsen mit Rollenlagern, Tragfedern aus Blattfederstahl Krupp-Profil, mit Knorr-Luftdruckbremse mittels Zangenbremse der B.S.I. auf alle Achsen wirkend sowie mit einfacher Handbremse, mit ‚Ringfeder' Zug- und Stoßvorrichtung, an den Rammbohlen Notpuffer mit Kletterschutz, innere Ausstattung des Wagenkastens einschließlich Sitzlatten ... der Plattformen aus Eiche, Fußboden aus Kiefernholz mit Lattenrost aus Eiche, Dach als Doppeldach ausgebildet, außen Holz, innen Sperrholz weiß lackiert, Plattformtüren als einfache Schiebetüren mit Sperrhaken, Kastentüren als Doppelschiebetüren ausgebildet (...), die 4 mittleren Kastenfenster durch Bogenfedern herablaßbar, sämtliche Fenster in Tafelglas I. Sorte, Seitenwandfenster mit Schiebegardinen, Beschläge Rotguß verchromt, Sitzhandgriffe aus Biegeholz, Lüftung durch 2 Dachhauben, an jedem Wagenende 1 Dachsignalglocke mit Rammzug."

Beiwagen 101 an der Endstation Dützen. Im Hintergrund setzt der Tw 4 um, September 1954.

Foto:
H. Solle/Sammlung Schütte

Bw 102 stammt, wie der oben abgebildete 101, von der Waggonfabrik Lindner in Ammendorf bei Halle. Beide wurden 1936 gebaut.

Foto: D. Höltge

Abendliche Winterstimmung mit dem Bw 104 auf dem Marktplatz. Foto: W. Kiel/Sammlung T. Ahlert

Der Bw 105 am 4. April 1959 in der Simeonsstraße (mit falschem Richtungsschild). Foto: R. Todt

Das vorgesehene Lieferdatum 15. Mai 1933 konnte nicht ganz eingehalten werden. Die drei Wagen mit den Fabriknummern 37961 - 37963 wurden wie folgt auf die Reise nach Minden geschickt.

26. Mai 1933:	1 Wagenkasten auf (Reichsbahn-)Wagen 2253 Augsburg 2 Laufgestelle auf Wagen 27268 Stuttgart
27. Mai 1933:	1 Wagenkasten auf Wagen 374 Augsburg 2 Laufgestelle auf Wagen 1224 Stuttgart
22. Juli 1933:	1 Wagenkasten auf Wagen 700 Augsburg 2 Laufgestelle auf Wagen 49561 Stuttgart

Technische Daten der Beiwagen 101-106

Hersteller:	Waggonfabrik Uerdingen, Krefeld (Nr. 103-105) Fabrik-Nr. 37961-37963 Waggonfabrik Lindner, Ammendorf (Nr. 101, 102, 106)
Baujahre:	1933/36
Länge über Plattformen:	12 830 mm
Länge des Wagenkastens:	8 930 mm
Breite des Wagenkastens:	2 125 mm
Innere Kastenhöhe:	2 200 mm
Drehzapfenabstand:	6 500 mm
Radstand des Drehgestells:	1 800 mm
Rad-Ø:	640 mm
Leergewicht:	8,8 t Wagenkasten ca. 5,3 t Drehgestelle ca. 3,5 t
Sitzplätze:	36
Stehplätze:	44

Leichtstahlbauart

Knorr-Luftdruckbremse und einfache Handbremse

In Minden erhielten die Wagen mit eckigem Grundriß die Betriebsnummern 103 bis 105. Sie ersetzten ebenso wie die 1936 gelieferte Nachbauserie – Betriebsnummern 101, 102, 106 – alte Winterwagen aus der Dampfstraßenbahnzeit.

Bw 103 in Porta, gebaut 1933 von der Waggonfabrik Uerdingen.

Bw 106 auf dem Markt in Minden, gebaut 1936 von der Waggonfabrik Lindner.

Fotos: A. Spühr

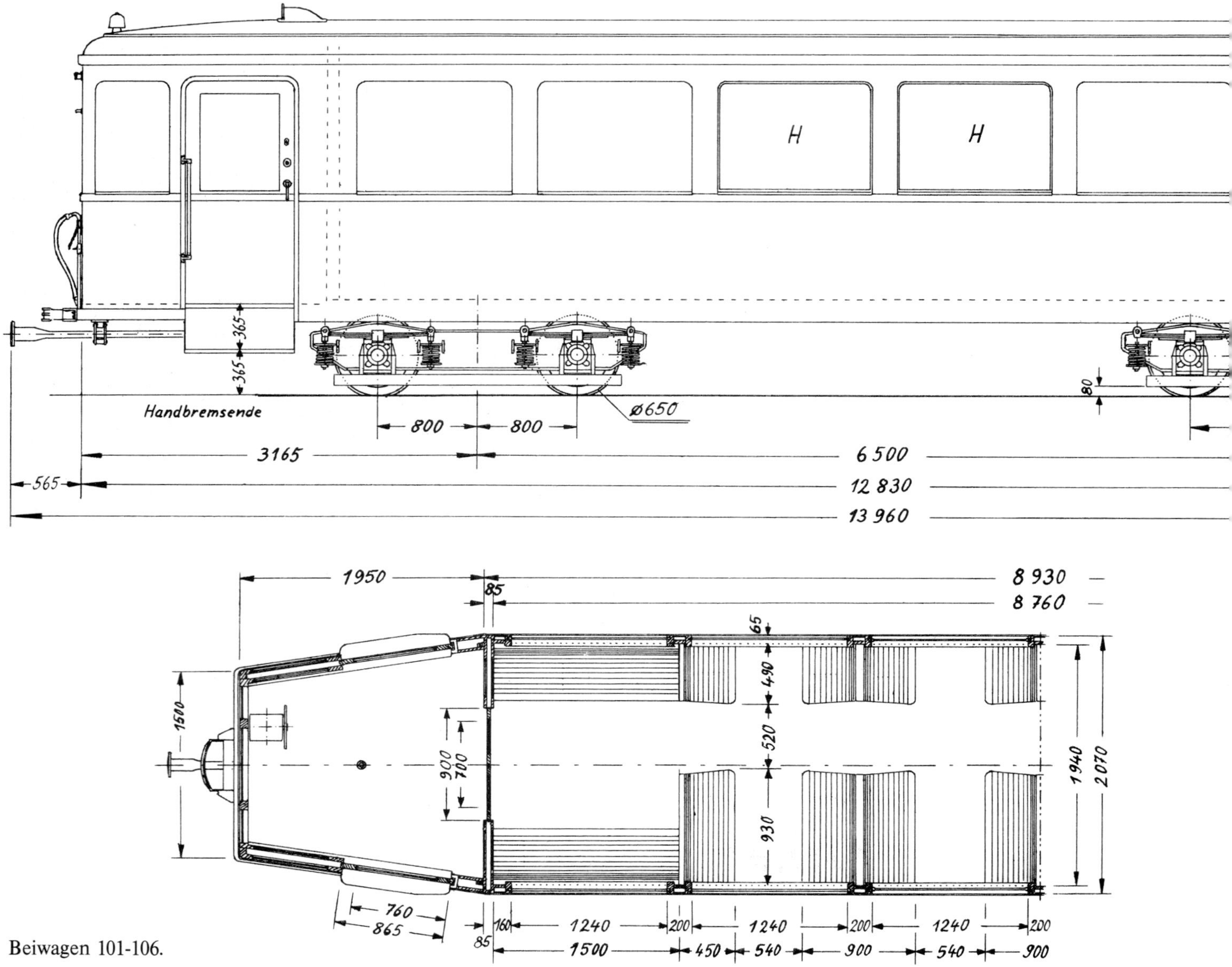

Beiwagen 101-106.

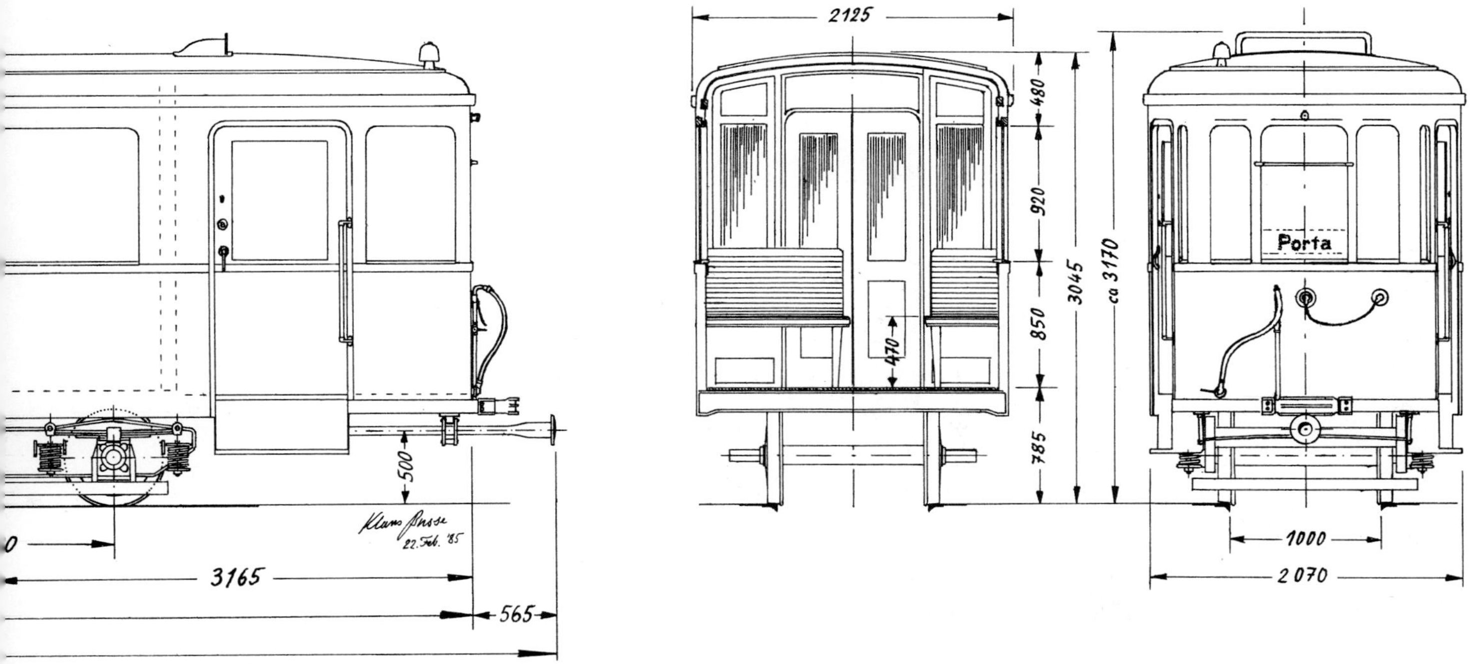

Maßstab 1:50
Alle Maße: [mm]

Klaus Busse
22. Februar 1985

Zeichnung nach einer Werkskizze der Waggon-Fabrik A.G. Uerdingen vom 5.V.33 (Auftrag Nr. 2273).
Ergänzt nach Photos aus den Jahren 1958 und 1959. *(Anm.: H = herablaßbare Fenster)*

4. Kapitel: Ein Vierteljahrhundert Betrieb auf 15 Kilometern Straßenbahngleisen

Eine äußerst seltene Abbildung des Wagens 115 - hier noch Nummer 15 - findet sich auf dieser Postkarte des inzwischen bekannten Marktplatzes. Diese Aufnahme muß unmittelbar nach Lieferung (1927) entstanden sein, da 1928 bereits ein viertes Gleis auf dem Markt liegt.
Kommunalarchiv Minden

a) Zwei Millionen Fahrgäste und Ein-Mann-Betrieb

Als jeweils über zwei Millionen Fahrgäste in den Jahren 1929 und 1930 die Mindener Straßenbahn bestiegen, hofften die Elektrizitätswerke Minden-Ravensberg nach Fertigstellung sämtlicher Strecken vergeblich auf eine weitere Verkehrssteigerung; die letzte Ausweitung des Schienennetzes brachte keinen neuen (statistischen) Fahrgast. Im Gegenteil: die Beförderungszahlen sinken innerhalb von drei Jahren, als die Weltwirtschaftskrise mit millionenfacher Arbeitslosigkeit das Geld immer knapper werden läßt, von 1,8 auf 1,3 Millionen und haben damit knapp den Stand von 1925 bis 1927 mit durchschnittlich 1,4 Millionen pro Jahr erreicht. Ein anhaltender Aufwärtstrend kann erst 1937 wieder verzeichnet werden.

Die Linie vom Bahnhof nach Meißen wird außerordentlich schwach genutzt. Es sind so wenige Fahrgäste, daß die Straßenbahn am 10. April 1931 beim Regierungspräsidenten in Minden um die Genehmigung von zeitweiligem „Ein-Mann-Betrieb" nachsucht:

„Der äußerst schwache Verkehr auf der Strecke Bahnhof-Meißen sowie der allgemeine starke Einnahme-Rückgang geben uns Veranlassung, den Antrag zu stellen, für die obige Strecke den Einmann-Betrieb einführen zu dürfen...

Wir beabsichtigen, diesen Einmann-Betrieb nur bei den Fahrten durchzuführen, die erfahrungsgemäß wenig benutzt werden. Zu Zeiten stärkeren Verkehrs, also in den Morgen- bezw. Abendstunden, an Sonntagen, oder bei besonderen Anlässen, wollen wir dem Führer einen besonderen Schaffner beigeben. Es wäre jedoch in dieser Zeit äußerster wirtschaftlicher Notlage nicht zu verantworten, die fast leeren Wagen auf der Strecke mit zwei Mann Besatzung zu fahren. (...)"

Im Zusammenhang mit der Strecke nach Meißen wird am Bahnhofsvorplatz die vorhandene Gleisanlage zum Gleisdreieck ausgebaut, Abnahme am 18. März 1931. Bedenken

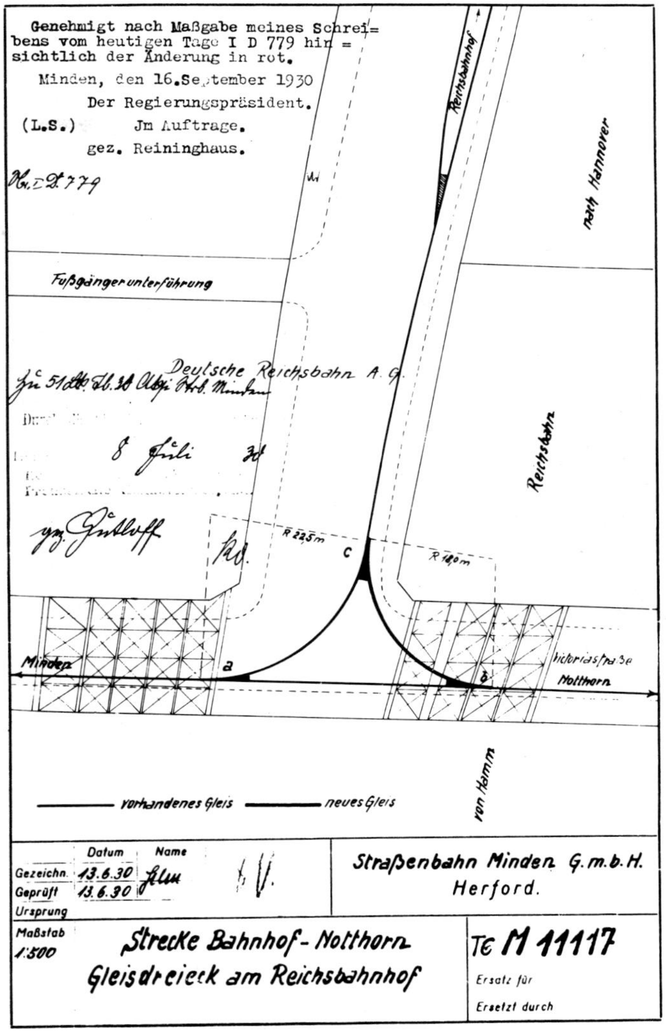

Staatsarchiv Detmold

Fahrgastandrang am Bahnhof (22. September 1956), wie man ihn sich zeitweise für die Strecke nach Meißen gewünscht hätte. Mit dem Gleisdreieck wurde die Haltestelle in Richtung Meißen an die Viktoriastraße verlegt.

Foto:
H. Solle/Sammlung Schütte

Foto unten:
Straßenbahnpersonal in den 30er Jahren.

Sammlung W. Wehmeyer

der Polizei, daß der (Fuhrwerk-/Auto-)Verkehr auf der Viktoriastraße dadurch behindert würde, werden zerstreut.

Die Bahn wird schneller

A propos Auto: Man versucht schon Anfang der dreißiger Jahre vor der langsam, aber stetig wachsenden Konkurrenz auf der Hut zu sein, und nimmt diesbezügliche Hinweise der Fahrgäste sehr ernst. Sie halten die Straßenbahn, die bisher nicht über 30 km/h fahren darf, im Vergleich zum

Auto teilweise für zu langsam. Nach eingehender Überprüfung werden im März 1933 folgende Höchstgeschwindigkeiten festgelegt:

a) *10 km/h*
Poos bis Mitte Markt

b) *20 km/h*
1. Wesertor – Immanuelstraße
2. von Markt Mitte bis zum Simeonstor
3. die letzten 200 m in Dützen (15 km in Gefällstrecken)

c) *30 km/h*
1. Wesertor bis Kreuzung mit MKB an der Haltestelle Notthorn
2. Immanuelstraße bis Friedhof
3. Simeonstor bis Kaiserhof Porta

d) *40 km/h*
1. von Bad Minden bis zur Dorfstraße Dützen
2. von der Haltestelle Notthorn bis zur Haltestelle Meißen

Im Winterhalbjahr 1933/34 fährt der erste (Arbeiter-) Straßenbahnzug an Werktagen, vom Betriebshof kommend, um 5.45 Uhr vom Markt nach Porta. Nach zwei weiteren Zügen gibt es ab 8.15 Uhr eine stündliche Verbindung, die an Sonntagen wegen des Ausflugsverkehrs ab 13.45 bis 20.45 Uhr halbstündlich gefahren wird. Der letzte Triebwagen ist um 23.44 Uhr zurück auf dem Markt.

Nach Dützen verkehren die ersten Arbeiterzüge ab 5.33 Uhr vom Markt und 6.27 Uhr ab Dützen. Nach 6.56 und 7.32 Uhr wird von 8.13 Uhr an bis 20.13 Uhr jede Stunde in die Stadt gefahren. Meißen hat eine halbstündliche Verbindung zum Bahnhof. Die erste Bahn geht um 6.53 Uhr und die letzte um 20.53 ab Meißen(-Dorf).

Die häufigsten Fahrgelegenheiten ergeben sich zwischen Bahnhof und Poos: alle 10 Minuten. Zwei Straßenbahnen gehen dann weiter zum Markt, die dritte zum Friedhof, so daß auch die nördliche Linie alle halbe Stunde bedient wird.

Es ergeben sich für den Winterfahrplan 1933/34 folgende Zugpaare:

Von Minden nach	werktags	sonntags
Porta	17	22
Dützen	16	13
Friedhof	17	14
Meißen	29	25

1 Mind. Straßenbahn **Bahnhof—Poos—Minden-Markt—Friedhof**

		W	W	W	W	W	W						
Bahnhof	ab	~6^{37}	~6^{47}	~6^{57}	~7^{07}	~7^{17}	~7^{27}	7^{37}	7^{47}	7^{57}	8^{07}	usw. alle 30 Min.	20^{37}
Poos	„	6^{42}	6^{52}	7^{02}	7^{12}	7^{22}	7^{32}	7^{42}	7^{52}	8^{02}	8^{12}	zum Friedhof,	20^{42}
Markt	„	|	6^{54}	7^{04}	|	7^{24}	7^{34}	|	7^{54}	8^{04}	|	alle 10 Min. zum	|
Friedhof	an	6^{50}	an	an	7^{20}	an	an	W7^{50}	an	an	8^{20}	Markt bis:	20^{50}

												Sa, S
Bahnhof	ab	20^{47}	20^{57}	21^{07}	21^{17}	21^{27}	21^{37}	21^{47}	21^{57}	22^{07}	22^{17}	~0^{15}
Poos	„	20^{52}	21^{02}	21^{12}	21^{22}	21^{32}	21^{42}	21^{52}	22^{02}	22^{12}	22^{22}	0^{20}
Markt	„	20^{54}	21^{04}	|	21^{24}	21^{34}	|	21^{54}	22^{04}	22^{14}	22^{24}	0^{22}
Friedhof	an	an	an	~S21^{20}	an	an	~S21^{50}	an	an	an	an	an

		W	W	W	W	W	W	W												
Friedhof	ab	—	—	—	—	—	7^{00}	—	—	W	~W7^{30}	—	—	—	~W8^{00}	—	—	—	8^{30}	usw. alle 30 M.
Markt	„	~6^{27}	~6^{37}	~6^{47}	~6^{57}	7^{07}	|	7^{17}	7^{27}	~7^{37}	|	7^{47}	7^{57}	8^{07}	|	8^{17}	8^{27}	8^{37}	|	ab Friedhof,
Poos	„	6^{28}	6^{38}	6^{48}	6^{58}	↳	7^{08}	7^{18}	7^{28}	↳	7^{38}	7^{48}	7^{58}	↳	8^{08}	8^{18}	8^{28}	↳	8^{38}	alle 10 Min. ab
Bahnhof	an	6^{34}	6^{44}	6^{54}	7^{04}	—	7^{14}	7^{24}	7^{34}	—	7^{44}	7^{54}	8^{04}	—	8^{14}	8^{24}	8^{34}	—	8^{44}	Markt bis:

												Sa, S
Friedhof	ab	—	—	21^{00}	—	—	—	~S21^{30}	—	—	—	~S22^{00}	
Markt	„	20^{57}	21^{07}	|	21^{17}	21^{27}	21^{37}	—	21^{47}	21^{57}	22^{07}	|	~23^{45}
Poos	„	20^{58}	↳	21^{08}	21^{18}	21^{28}	↳	21^{38}	21^{48}	21^{58}	↳	22^{08}	23^{46}
Bahnhof	an	21^{04}	—	21^{14}	21^{24}	21^{34}	—	21^{44}	21^{54}	22^{04}	—	22^{14}	23^{52}

2 Mindener Straßenbahn **Minden—Porta**

		W	W	W						S		S			S			
Minden, Poos	ab	a—	—	—	~W8^{12}	9^{12}	10^{12}	usw. alle 60 Min. bis	13^{12}	~13^{42}	14^{12}	~14^{42}	usw. Werktags alle 60 Minut., Sonntags alle 30 Minuten bis	20^{12}	~20^{42}	S	~21^{42}	—
Markt	„	~5^{45}	~6^{26}	~7^{12}	8^{15}	9^{15}	10^{15}		13^{15}	13^{45}	14^{15}	14^{45}		20^{15}	20^{45}	Sa u. S	21^{45}	23^{00}
Lübbeckerstr.	„	5^{47}	6^{32}	7^{18}	8^{21}	9^{21}	10^{21}		13^{21}	13^{51}	14^{21}	14^{51}		20^{21}	20^{51}		21^{51}	23^{06}
Zollern	„	5^{49}	6^{34}	7^{20}	8^{24}	9^{24}	10^{24}		13^{24}	13^{54}	14^{24}	14^{54}		20^{24}	20^{54}		21^{54}	23^{09}
Porta	an	5^{58}	6^{42}	7^{28}	8^{32}	9^{32}	10^{32}		13^{32}	14^{02}	14^{32}	15^{02}		20^{32}	21^{02}		22^{02}	23^{17}

		W	W	W					S		S			S	Sa S	
Porta	ab	~6^{06}	~6^{52}	~7^{32}	8^{46}	9^{46}	usw. alle 60 Min. bis	13^{46}	~14^{16}	14^{46}	~15^{16}	usw. Werktags alle 60 Minut., Sonntags alle 30 Min. bis	20^{46}	~21^{16}	~22^{20}	23^{27}
Zollern	„	6^{15}	7^{01}	7^{40}	8^{54}	9^{54}		13^{54}	14^{24}	14^{54}	15^{24}		20^{54}	21^{24}	22^{28}	23^{35}
Lübbeckerstr.	„	6^{17}	7^{03}	7^{42}	8^{57}	9^{57}		13^{57}	14^{27}	14^{57}	15^{27}		20^{57}	21^{27}	22^{31}	23^{38}
Markt	„	6^{23}	7^{09}	7^{49}	9^{03}	10^{03}		14^{03}	14^{33}	15^{03}	15^{33}		21^{03}	21^{33}	22^{37}	23^{44}
Minden, Poos	an	—	—	8^{08}	9^{08}	10^{08}		14^{08}	14^{38}	15^{08}	15^{38}		21^{08}	21^{38}	—	—

a ab Betriebsbahnhof. Die bis Poos fahrenden Wagen haben Anschluss zum Reichsbahnhof, nach Meissen bis 20^{38} ab Poos, zum Friedhof W bis 20^{42}, S bis 21^{42} ab Poos. In Richtung nach Porta haben diese Wagen Anschluss vom Reichsbahnhof, aus Richtung Meissen bis 20^{42} ab Poos, vom Friedhof W bis 20^{42} ab Poos, S bis 21^{42} ab Poos. W-Werktags, Sa-Samstags, S-Sonn- u. Feiertags

Die mit Wellenlinien bezeichneten Wagen verkehren nicht täglich.

4 Mindener Straßenbahn **Minden — Meißen**

W	W	W	W							W	W	W	W				
~6^{42}	~7^{12}	~7^{42}	~8^{12}	8^{42}	9^{12}	usw. alle 30 M. bis	20^{42}	ab	**Minden Bhf.**	an	~7^{04}	~7^{34}	~8^{04}	~8^{34}	9^{04}	9^{34}	usw. alle 30 M. bis	21^{04}
~6^{50}	~7^{20}	~7^{50}	~8^{20}	8^{50}	9^{20}		20^{50}	ab	Notthorn	ab	~6^{55}	~7^{25}	~7^{55}	~8^{25}	8^{55}	9^{25}		20^{55}
~6^{52}	~7^{22}	~7^{52}	~8^{22}	8^{52}	9^{22}		20^{52}	an	**Meißen**	ab	~6^{53}	~7^{23}	~7^{53}	~8^{23}	8^{53}	9^{23}		20^{53}

Die von Meissen kommenden Wagen haben an der Unterführung Anschluss zum Friedhof, die vom Friedhof kommenden Wagen haben an der Unterführung Anschluss nach Meissen.

5 Mindener Straßenbahn **Minden — Dützen**

		W	W	W	W						Sa,S
Minden, Markt	ab	a5^{53}	~6^{32}	~7^{13}	~7^{51}	8^{51}	9^{51}	usw. alle 60 Minuten bis:		19^{51}	22^{25}
Lübbeckerstrasse	„	~5^{55}	~6^{38}	~7^{19}	~7^{57}	8^{57}	9^{57}			19^{57}	22^{31}
Bölhorst	„	~5^{58}	~6^{42}	~7^{22}	~8^{00}	9^{00}	10^{00}			20^{00}	22^{34}
Dützen	an	~6^{03}	~6^{46}	~7^{27}	~8^{05}	9^{05}	10^{05}			20^{05}	22^{39}
Kraftpost nach Lübbecke: ab Dützen		—	—	W7^{30}	—	—	11^{07}	11^{07}	14^{07}	20^{07}	—

a ab Betriebsbahnhof

5a Mindener Straßenbahn **Dützen—Minden**

Kraftpost von Lübbecke: Dützen an		—	—	7^{28}	—	—	—	—	10^{43}	14^{05}	20^{05}	—
Dützen	ab	W~6^{07}	W~6^{56}	W~7^{32}	W~8^{13}	9^{13}	10^{13}	usw. alle 60 Minuten bis:			20^{13}	†~22^{43}
Bölhorst	„	~6^{12}	~7^{01}	~7^{37}	~8^{18}	9^{18}	10^{18}				20^{18}	~22^{48}
Lübbeckerstrasse	„	~6^{15}	~7^{04}	~7^{40}	~8^{21}	9^{21}	10^{21}				20^{21}	~22^{51}
Minden, Markt	an	~6^{21}	~7^{10}	~7^{46}	~8^{27}	9^{27}	10^{27}				20^{27}	~22^{57}

a = ab Betriebsbahnhof, W = Werktags, Sa = Samstags, S = Sonn- und feiertags
† fährt nur Sonnabends und Sonntags.

Die mit Wellenlinien bezeichneten Wagen verkehren nicht täglich.

Winter 1933/34

Rundfahrten mit Straßenbahn und MKB

So eine Art „Verkehrsverbund“ im kleinen (unter welchen Mühsalen kommt Mitte der achtziger Jahre endlich ein echter Verkehrsverbund der inzwischen in und um Minden fahrenden Busse zustande!) betrieben die Straßen- und die Kleinbahn mit ihren Ausflugskarten für Rundfahrten, die auf beiden Bahnen gelten. Für 40 Pfennige konnte man beispielsweise 1935 mit dem MKB-Zug vom Bahnhof Minden-Stadt bis Bad Nammen fahren, von dort nach Porta laufen, hier in die Straßenbahn zum Markt steigen und dann nach Bedarf weiter bis zum Bahnhof oder Friedhof fahren.

0,40 RM für eine solche Ausflugskarte, die natürlich auch auf entsprechenden anderen Bahnstrecken galt, waren ein recht verlockendes Angebot. Zum etwaigen Vergleich einmal die Fahrpreise der Straßenbahn von 1930:

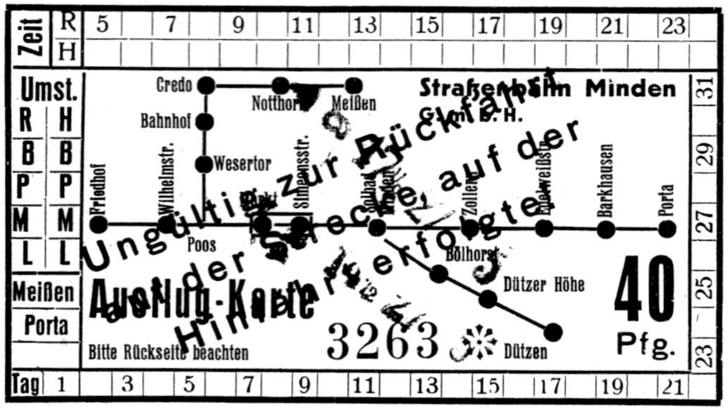

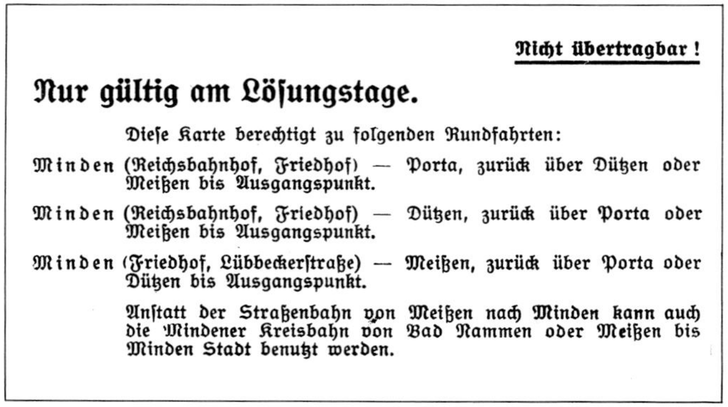
Nicht übertragbar!

Nur gültig am Lösungstage.

Diese Karte berechtigt zu folgenden Rundfahrten:

Minden (Reichsbahnhof, Friedhof) — Porta, zurück über Dützen oder Meißen bis Ausgangspunkt.

Minden (Reichsbahnhof, Friedhof) — Dützen, zurück über Porta oder Meißen bis Ausgangspunkt.

Minden (Friedhof, Lübbeckerstraße) — Meißen, zurück über Porta oder Dützen bis Ausgangspunkt.

Anstatt der Straßenbahn von Meißen nach Minden kann auch die Mindener Kreisbahn von Bad Nammen oder Meißen bis Minden Stadt benutzt werden.

A) Einzelfahrscheine

	Erwachsene	Kinder 4-10 Jahre
1-2 km	0,15 RM	0,10 RM
10 km	0,50 RM	0,25 RM

B) Fahrscheinhefte (10er-Hefte)

z. B. Einzelpreis 15 Pfg. = 1,30 RM
35 Pfg. = 3,00 RM

C) Zeitkarten

7-Tage-Karte (Arbeiterwochenkarte)
zwischen 1,00 und 1,80 RM

Schülermonatskarten
zwischen 2,30 und 4,00 RM

Ermäßigte Monatskarten für je 1 Hin- und Rückfahrt an Werktagen
zwischen 4,00 und 11,00 RM

Unbeschränkte Monatskarten (beliebig viele Fahrten auch an Sonn- und Feiertagen)
zwischen 8,00 und 15,00 RM

Anfertigung von Feldschwächungswiderständen.

Archiv EMR

b) Die Straßenbahn im Zweiten Weltkrieg: Überfüllte Züge und zerstörte Linien

Der Beginn des Zweiten Weltkrieges macht sich bei den Klein- und Straßenbahnen mit einem rapide ansteigenden Personenaufkommen bemerkbar. So auch bei der Straßenbahn Minden. Es wird nicht mehr allein mit dem Triebwagen oder einem Beiwagen gefahren, sondern ein Drei-Wagen-Zug ist unterwegs. Und das nach und nach auf allen Strecken, so daß die Fahrzeuge einem ungeheuren Verschleiß unterliegen, der bei mangelndem Material kaum zu beheben ist.

Die Wagen sind derart überfüllt, daß die Schaffner und Schaffnerinnen – da das Personal zunehmend zur Wehrmacht eingezogen wird, zum Teil dienstverpflichtete Studentinnen – kaum durchkommen können, um die Fahrscheine zu verkaufen und zu kontrollieren.

Hanna Werner aus Minden erinnert sich:

„Es war, glaube ich, im Kriegswinter 1943/44, Alarme gehörten schon zum täglichen Leben und einiges war auch schon heruntergekommen. Ich hielt als Rotkreuzhelferin für den Luftschutz Erste-Hilfe-Kurse in Meißen. Die Straßenbahn, die etwa um 19.30 Uhr nach Meißen herausfuhr, war jeden Abend

Fahrplan

Straßenbahn Minden G.m.b.H.

Ohne Gewähr! + Gültig ab 3. April 1939

Linie I (grün): Poos – Minden Markt – Porta

Reichsbahnhof	ab			W 707	807	907	1007	1107	1207	1307	1337
		W	W								
Poos	ab	—	—	712	812	912	1012	1112	1212	1312	1342
Markt	↓	—	626	15	15	15	15	15	15	15	45
Betriebsbahnhof	↓	545	31	20	20	20	20	20	20	20	50
Solbad Minden	↓	47	32	21	21	21	21	21	21	21	51
Zollern	↓	49	34	24	24	24	24	24	24	24	54
Porta	an	558	643	732	832	932	1032	1132	1232	1332	1402

Reichsbahnhof	1407	1437	1507	1537	1607	1637	1707	1737	1807	1837	1907	1937	2007	2037	2107	2137				Sa S 016
																Sa S		Sa S		Sa S
Poos	1412	1442	1512	1542	1612	1642	1712	1742	1812	1842	1912	1942	2012	2042	2112	2142	2208	—	—	021
Markt	15	45	15	45	15	45	15	45	15	45	15	45	15	45	15	45	10	2238	2300	023
Betriebsbahnhof	20	50	20	50	20	50	20	50	20	50	20	50	20	50	20	50	2215	2243	05	028
Solbad Minden	21	51	21	51	21	51	21	51	21	51	21	51	21	51	21	51	—	—	06	—
Zollern	24	54	24	54	24	54	24	54	24	54	24	54	24	54	24	54	—	—	09	—
Porta	1432	1502	1532	1602	1632	1702	1732	1802	1832	1902	1932	2002	2032	2102	2132	2202	—	—	2317	—

Porta – Minden Markt – Poos

		W	W	W	S								
Porta	ab	601	647	732	746	846	946	1046	1146	1246	1346	1416	1446
Zollern	↓	09	56	40	54	54	54	54	54	54	54	24	54
Solbad Minden	↓	12	59	43	57	57	57	57	57	57	57	27	57
Betriebsbahnhof	↓	13	700	44	58	58	58	58	58	58	58	28	58
Markt	↓	618	05	49	803	903	1003	1103	1203	1303	1403	1433	1503
Poos	an	--	708	808	808	908	1008	1108	1208	1308	1408	1438	1508
Reichsbahnhof	an	633	713	813	813	913	1013	1113	1213	1313	1413	1443	1513

																Sa S	
Porta	1516	1546	1616	1646	1716	1746	1816	1846	1916	1946	2016	2046	2116	2146	2220	2327
Zollern	24	54	24	54	24	54	24	54	24	54	24	54	24	54	28	35
Solbad Minden	27	57	27	57	27	57	27	57	27	57	27	57	27	57	31	38
Betriebsbahnhof	28	58	28	58	28	58	28	58	28	58	28	58	28	58	32	39
Markt	33	1603	33	1703	33	1803	33	1903	33	2003	33	2103	33	2203	2237	2344
Poos	1538	1608	1638	1708	1738	1808	1838	1908	1938	2008	2038	2108	2138	2208	—	Sa S 2346
Reichsbahnhof	1543	1613	1643	1713	1743	1813	1843	1913	1943	2013	2043	2113	2143	2213	—	2351

Linie II (weiß): Minden – Dützen und zurück

		W	W	W														Sa S
Markt	ab		638	713	751	851	951	1051	1151	1251	1351	1451	1551	1651	1751	1851	1951	2225
Betriebsbahnhof	↓	553	43	18	56	56	56	56	56	56	56	56	56	56	56	56	56	30
Solbad Minden	↓	55	44	19	57	57	57	57	57	57	57	57	57	57	57	57	57	31
Bölhorst	↓	58	47	22	800	900	1000	1100	1200	1300	1400	1500	1600	1700	1800	1900	2000	34
Dützen	an	603	652	727	805	905	1005	1105	1205	1305	1405	1505	1605	1705	1805	1905	2005	2239

		W	W	W														Sa S
Markt	an	618	710	746	827	927	1027	1127	1227	1327	1427	1527	1627	1727	1827	1927	2027	2257
Betriebsbahnhof	↑	13	05	41	22	22	22	22	22	22	22	22	22	22	22	22	22	52
Solbad Minden	↑	12	04	40	21	21	21	21	21	21	21	21	21	21	21	21	21	51
Bölhorst	↑	09	701	37	18	18	18	18	18	18	18	18	18	18	18	18	18	48
Dützen	ab	604	656	732	813	913	1013	1113	1213	1313	1413	1513	1613	1713	1813	1913	2013	2243

Linie III (gelb): Meißen – Reichsbahnhof – Friedhof

		W	W	W	W	W												
Meißen	ab	—	—	656	726	756	826	856	926	956	1026	1056	1126	1156	1226	1256	1326	1356
Rotthorn	↓	—	—	58	28	58	28	58	28	58	28	58	28	58	28	58	28	58
Reichsbahnhof	↓	—	637	707	37	807	37	907	37	1007	37	1107	37	1207	37	1307	37	1407
Poos	↓	620	42	12	42	12	42	12	42	12	42	12	42	12	42	12	42	12
Friedhof	an	628	650	720	750	820	850	920	950	1020	1050	1120	1150	1220	1250	1320	1350	1420

																	S	Sa S
Meißen	1426	1456	1526	1556	1626	1656	1726	1756	1826	1856	1926	1956	2026	2056	2126	—	2305
Rotthorn	28	58	28	58	28	58	28	58	28	58	28	58	28	58	28	—	07
Reichsbahnhof	37	1507	37	1607	37	1707	37	1807	37	1907	37	2007	37	2107	37	2207	15
Poos	42	12	42	12	42	12	42	12	42	12	42	12	42	12	42	12	2320
Friedhof	1450	1520	1550	1620	1650	1720	1750	1820	1850	1920	1950	2020	2050	2120	2150	2220	—

bis Betriebsbhf.

Friedhof – Reichsbahnhof – Meißen

		W	W	W																														S	Sa S
Friedhof	ab	630	700	730	800	830	900	930	1000	1030	1100	1130	1200	1230	1300	1330	1400	1430	1500	1530	1600	1630	1700	1730	1800	1830	1900	1930	2000	2030	2100	2130	2200	2220	--
Boos	↓	38	08	38	08	38	08	38	08	38	08	38	08	38	08	38	08	38	08	38	08	38	08	38	08	38	08	38	08	38	08	38	08	2228	2249
Reichsbahnhof	↓	45	15	45	15	45	15	45	15	45	15	45	15	45	15	45	15	45	15	45	15	45	15	45	15	45	15	45	15	45	15	2145	2215	bis Betriebsbhf.	54
Rotthorn	↓	53	23	53	23	53	23	53	23	53	23	53	23	53	23	53	23	53	23	53	23	53	23	53	23	53	23	53	23	53	23	—	—		2302
Meißen	an	655	725	755	825	855	925	955	1025	1055	1125	1155	1225	1255	1325	1355	1425	1455	1525	1555	1625	1655	1725	1755	1825	1855	1925	1955	2025	2055	2125	—	—		2304

2248 ab Markt

Ab Markt zum Reichsbahnhof alle 10 Min. ➜	W von 627 bis 2207	S von 727 bis 2207	außerdem Sa, S 2345
Ab Reichsbahnhof zur Stadt alle 10 Min. ➜	W von 637 bis 2217	S von 737 bis 2217	außerdem Sa, S 016

E. M. R.-Kraftverkehr. Markt – Hohenzollernring und zurück

		W	W																												S
Markt	ab	625	655	725	755	825	855	925	955	1025	1055	1125	1155	1225	1255	1325	1355	1425	1455	1525	1555	1625	1655	1725	1755	1825	1855	1925	1955	2025	2055	2125	2155
Kaak	↓	26	56	26	56	26	56	26	56	26	56	26	56	26	56	26	56	26	56	26	56	26	56	26	56	26	56	26	56	26	56	26	56
Frankenring	↓	29	59	29	59	29	59	29	59	29	59	29	59	29	59	29	59	29	59	29	59	29	59	29	59	29	59	29	59	29	59	29	59
Hohenzollernring	an	631	701	731	801	831	901	931	1001	1031	1101	1131	1201	1231	1301	1331	1401	1431	1501	1531	1601	1631	1701	1731	1801	1831	1901	1931	2001	2031	2101	2131	2201
Hohenzollernring	ab	638	708	738	808	838	908	938	1008	1038	1108	1138	1208	1238	1308	1338	1408	1438	1508	1538	1608	1638	1708	1738	1808	1838	1908	1938	2008	2038	2108	2138	2208
Frankenring	↓	40	10	40	10	40	10	40	10	40	10	40	10	40	10	40	10	40	10	40	10	40	10	40	10	40	10	40	10	40	10	40	10
Simeonsstraße	↓	44	14	44	14	44	14	44	14	44	14	44	14	44	14	44	14	44	14	44	14	44	14	44	14	44	14	44	14	44	14	44	14
Markt	an	646	716	746	816	846	916	946	1016	1046	1116	1146	1216	1246	1316	1346	1416	1446	1516	1546	1616	1646	1716	1746	1816	1846	1916	1946	2016	2046	2116	2146	2216
		●	×	●	×	●	×	●	×	●	×	●	×	●	×	●	×	●	×	●	×	●	×	●	×	●	×	●	×	●	

● Weiterfahrt nach Paulinenstraße — Kuhlenkamp und zurück. × Weiterfahrt nach Friedrich-Wilhelm-Straße — Leteln — Wietersheim und zurück.

● Markt – Stiftsstraße – Kuhlenkamp und zurück ●

W																			W															
647	747	847	947	1047	1147	1247	1347	1447	1547	1647	1747	1847	1947	2047	2147	ab	Markt	an	723	823	923	1023	1123	1223	1323	1423	1523	1623	1723	1823	1923	2023	2123	2223
51	51	51	51	51	51	51	51	51	51	51	51	51	51	51	51	↓	Paulinenstraße	↑	19	19	19	19	19	19	19	19	19	19	19	19	19	19	19	19
54	54	54	54	54	54	54	54	54	54	54	54	54	54	54	54	↓	Karolingerring	↑	15	15	15	15	15	15	15	15	15	15	15	15	15	15	15	15
657	757	857	957	1057	1157	1257	1357	1457	1557	1657	1757	1857	1957	2057	2157	an	Kuhlenkamp	ab	712	812	912	1012	1112	1212	1312	1412	1512	1612	1712	1812	1912	2012	2112	2212

× Markt – Friedrich-Wilhelm-Straße – Leteln – Wietersheim und zurück ×

W															S				W															S
623	717	817	917	1017	1117	1217	1317	1417	1517	1617	1717	1817	1917	2017	2117	ab	Markt	an	652	752	852	952	1052	1152	1252	1352	1452	1552	1652	1752	1852	1952	2052	2152
24	18	18	18	18	18	18	18	18	18	18	18	18	18	18	18	↓	Wesertor	↑	51	51	51	51	51	51	51	51	51	51	51	51	51	51	51	51
27	21	21	21	21	21	21	21	21	21	21	21	21	21	21	21	↓	Friedrich-Wilhelm-Str.	↑	49	49	49	49	49	49	49	49	49	49	49	49	49	49	49	49
31	25	25	25	1025	25	25	25	25	25	1625	25	25	25	2025	25	↓	Aminghauser Straße	↑	44	44	44	44	1044	44	44	44	44	44	1644	44	44	44	2044	44
635	729	|	929	—	1129	|	1329	|	1529		1729	|	1929	—	2129	↓	Leteln	↑	640	740	|	940	—	1140	|	1340	|	1540	—	1740	|	1940	—	2140
—		833	—	—	—	1233	—	1433	—	—		1833		—		an	Wietersheim	ab	—		836			—	1236	—	1436				1836	—	—	--

W = nur Werktags, S = nur Sonn- u. feiertags, Sa = nur Samstags; die mit Punktlinien (⁝) bezeichneten Wagen verkehren nicht täglich. Ausgabe von Monatskarten 1) Betriebsbahnhof Portastr, 2) Betriebsleitung, Fischerallee 1. E. M. R. Erneuerungen von Monatskarten (Verkauf von Wertmarken) auch bei Bodenstein am Markt.

Staatsarchiv Detmold

zu dieser Zeit, da auch das ganze Personal aus den Geschäften außer vielen anderen nach Hause strebte, jeden Tag so überfüllt, daß nicht ein Fuß mehr an die Erde ging. Es war eine ziemlich trostlose Fuhre, da alle müde, erschöpft und abgekämpft waren. Wie da der Schaffner zum Kassieren durchkommen sollte, schien völlig rätselhaft! Und doch, es war jedesmal ein neues Wunder, der Schaffner brachte in wenigen Augenblicken mit seinen kleinen Glossen und Scherzen alle zum Lachen, so daß sich bereitwillig alle noch etwas dünner machten und er tatsächlich durchkam und alle für eine Weile auflebten."

Einheitstarif entlastet Personal

Zur ordnungsgemäßen Bedienung der Haltestellen blieb dem Straßenbahnpersonal im allgemeinen kaum Gelegenheit. Man versuchte deshalb, zur Vergrößerung der Haltestellenabstände einige aufzuheben, was aber nicht den gewünschten Erfolg hatte. 1941 wurden beispielsweise 2 217 104 Einzelfahrscheine für 384 411,80 RM verkauft. Als Ausweg wird die Einführung eines Einheitstarifes beschlossen.

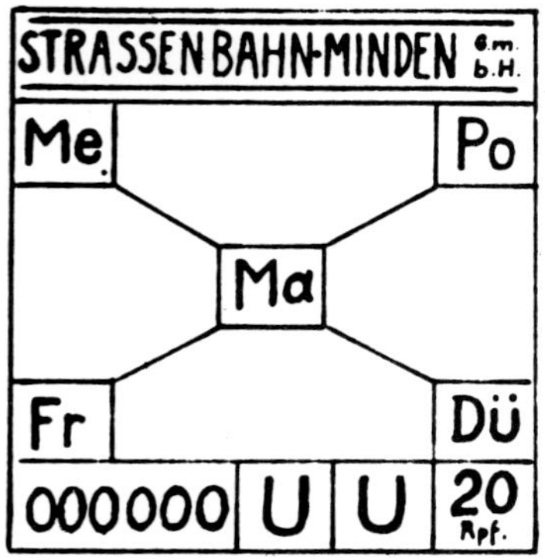

„20 Rpf für 1 Fahrt mit beliebiger Entfernung und Umsteigeberechtigung
10er Heft 1,50 RM
10 Rpf für Kinder, Wehrmachtsangehörige"

Diese vereinfachende Maßnahme soll nicht nur das Personal, sondern auch die überfüllten Verkehrsmittel entlasten. Man erwartet beim Einheitstarif weniger Kurzstreckenfahrer und darüber hinaus eine Einsparung von Papier durch kleinere Fahrscheine.

Verkehrssteigerung durch Soldaten

Die kriegsbedingte Verkehrssteigerung war in Minden zu einem erheblichen Teil auf die hier in Garnison stehenden Soldaten zurückzuführen. Ihnen und ihren Gewohnheiten galt in besonderem Maße eine „Anordnung über das Verhalten der Fahrgäste bei Benutzung der Bahnanlagen und Fahrzeuge vom 24. Januar 1940", die unter anderem für die Dauer des Krieges das Rauchen in den Wagen und auf deren Plattformen untersagte. In der drangvollen Enge überfüllter Waggons war es geradezu ein Gebot der Sicherheit, weder Personen noch deren Kleidung mit brennenden Tabakwaren zu gefährden.

Kaum jemand hielt sich jedoch daran, so daß Mindens Bürgermeister am 13. Mai 1942 um die Aufhebung des Rauchverbotes bittet. Es sei unsinnig, weil sich in der Garnisonstadt ohnehin kaum ein Soldat darum kümmere. Außerdem sei mit der Ausgabe von Raucherkarten der Bezug des Tabaks geregelt. Es könnten deshalb auch keine Mißstimmungen aufkommen, „da jeder wüßte, daß der Bezug von Rauchwaren keine Angelegenheit von Beziehungen mehr sei."

Wer die Kriegsjahre durchlebt hat, wird noch recht gut wissen, welch unschätzbaren Wert Beziehungen hatten – längst nicht nur bezüglich Tabakwaren.

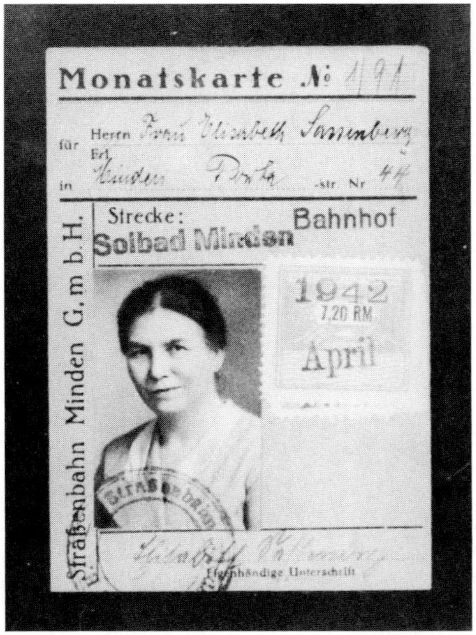

Über 6 Millionen Fahrgäste

Die Zahl der beförderten Personen nimmt seit Kriegsbeginn ständig zu:

1938 - 1 658 993 Personen
1939 - 1 973 563 Personen
1940 - 2 854 505 Personen
1941 - 3 611 368 Personen
1942 - 4 948 425 Personen
1943 - 5 994 302 Personen
1944 - 6 361 091 Personen

Im Winter 1941/42 versucht die Straßenbahn, dem Andrang auf ihrer Linie zum Friedhof durch Änderung des Fahrplanes Herr zu werden: statt des bisherigen 30-Minuten-Abstandes wird im 20-Minuten-Takt gefahren. Auf den Strecken nach Meißen und Dützen sollen im abendlichen Berufsverkehr Inhaber von Zeitkarten bevorzugt mitgenommen werden, da wegen Fahrzeug- und Personalmangels keine zusätzlichen Züge oder Anhängewagen mehr zum Einsatz kommen können.

Auf Dauer reichen all diese Maßnahmen aber nicht aus. Wieder stehen die Menschen vor überfüllten Zügen; abermals müssen neue Planungen Abhilfe schaffen. Man beschließt, zum Friedhof und Bahnhof doch mit mehr Beiwagen zu fahren. Ab November 1944 wird deshalb zwischen Markt und Friedhof wieder halb- und zwischen Markt und Bahnhof viertelstündlich anstelle des 10-minütigen Verkehrs gefahren, da sich die Zeiten durch die längeren Züge entsprechend vergrößern.

Unfälle mit Straßenbahnen

Mit Beginn der Verdunkelungszeiten nimmt die Zahl der Unfälle, in die Straßenbahnen verwickelt werden, deutlich zu. Auch die außerordentlich strengen Kriegswinter mit viel Schnee und Eis bringen zusätzliche Belastungen für das Personal, das 1941 aus 36 Arbeitern und 12 Arbeiterinnen sowie 2 männlichen und 2 weiblichen Angestellten besteht. (Seit Anfang des Jahrhunderts hatte sich angesichts der Betriebsausweitung die Zahl der Beschäftigten – 19 – fast verdreifacht.)

Ein tragischer Unfall ereignete sich am 31. Oktober 1943 auf dem Markt. Gegen 19.40 Uhr wurde Fliegeralarm gegeben. Wer eben konnte, versuchte in solchen Momenten, mit der Bahn aus der Stadt zu flüchten, obwohl es verboten war. Auch an jenem Abend rief der Schaffner „Nicht einsteigen, wir haben Fliegeralarm und dürfen keine Fahrgäste mitnehmen!" Als die Bahn schon anfuhr, versuchte trotzdem im Beisein seiner Eltern ein neunjähriges Mädchen aufzuspringen, wurde von den nachrückenden Menschen unter den fahrenden Wagen gedrückt und erlitt tödliche Verletzungen.

Dienstanweisung

für den

Fahrdienst

der Straßenbahnen

(DFStrab)

Straßenbahn Minden

G. m. b. H.

Ausgabe 1940

Druck Februar 1942

der Bezirksgruppe West

der Fachgruppe Straßenbahnen

Gültig ab

1. Januar 1942

Gebr. Tönnes, Düsseldorf

Einleitung.

1. Für den Betrieb der Straßenbahnen sind Sicherheit und Ordnung oberster Grundsatz; dies gilt in besonderem Maße für den Fahrdienst.

2. Jeder im Fahrdienst beschäftigte Bedienstete muß die erforderlichen technischen Fähigkeiten und persönliche Eignung, besonders Pflichtbewußtsein, Zuverlässigkeit, Umsicht und Nüchternheit besitzen. Er hat die dienstlichen Verrichtungen gewissenhaft zu erfüllen und das Bahneigentum pfleglich zu behandeln.

3. Der Fahrdienst ist eine Gemeinschaftsleistung, für die gute Arbeitskameradschaft in der Betriebsgemeinschaft Voraussetzung ist.

4. Die Dienstanweisung für den Fahrdienst der Straßenbahnen (DFStrab) und das Signalbuch für Straßenbahnen (SBStrab) enthalten die wesentlichen Vorschriften über die Handhabung des Fahrdienstes bei Straßenbahnen. Sie beruht auf der Verordnung über den Bau und Betrieb von Straßenbahnen (BOStrab), deren Ausführungsbestimmungen (AB) und Sonderbestimmungen sowie den Unfallverhütungsvorschriften (UVV) der Straßen- und Klein-Bahn-Berufsgenossenschaft.

5. Für alle aus der DFStrab sich ergebenden Personalangelegenheiten ist der Betriebsleiter, sein Stellvertreter oder sein Beauftragter zuständig.

§ 11. Dienstkleidung und Dienstausrüstung.

1. Im Dienst ist die vorgeschriebene Dienstkleidung ordnungsmäßig zu tragen, z. B. Mantel nicht umgehängt.
2. Die dienstlichen Abzeichen gehören zur Dienstkleidung und dürfen nur von denjenigen getragen werden, welchen sie zustehen.
3. Im Dienst ist stets der Dienstausweis sowie die vorschriftsmäßige Ausrüstung (siehe Anhang), mitzuführen. Fahrscheinvorrat, Ausrüstungsstücke und persönliches Eigentum dürfen nur an den hierfür vorgesehenen Stellen unter Verschluß aufbewahrt werden.
4. Das Ab- und Anlegen sowie das Aufbewahren von Kleidungsstücken in unmittelbarer Nähe von Maschinen, Triebwerken und ungeschützten Einrichtungen ist verboten.
5. Die Ohren dürfen selbst bei großer Kälte nicht so geschützt werden, daß die Hörfähigkeit beeinträchtigt wird.

§ 12. Dienstantritt, Ablösung, Dienstende.

A) Dienstbeginn im Betriebshof.

1. Fahrer und Schaffner haben sich vor Antritt des festgesetzten Dienstes bei dem Leiter der Ausfahrt zu melden und den ihnen zugeteilten Wagen ordnungsgemäß zu übernehmen.
2. Ein Wiederverlassen des Betriebshofes vor der Ausfahrt ist nur mit Erlaubnis des zuständigen Vorgesetzten gestattet.
3. Ist die Zugmannschaft 5 Minuten vor Ausfahrt noch nicht vollzählig zur Stelle, muß dies der Zugführer, an zweiter Stelle der Fahrer und an dritter Stelle der Beiwagenschaffner sofort dem Leiter der Ausfahrt melden (Übernahme der Wagen; siehe § 46 und § 61).

B) Dienstbeginn auf der Strecke; Ablösung. (siehe auch § 4, Absatz 3).

Der Ablöser hat sich stets nach etwaigen Wagenmängeln oder besonderen Vorschriften sowie nach wichtigen Vorfällen und außergewöhnlichen Verhältnissen auf der Strecke zu erkundigen. Der Abzulösende hat auch ohne Befragen hierüber gewissenhaft Auskunft zu geben.

C) Dienstende.

1. In den Betriebshof einrückende Wagen haben an der vorgeschriebenen Haltestelle zu halten, damit die letzten Fahrgäste aussteigen können.
   Die Mitnahme Fremder in den Betriebshof ist untersagt.
2. Die Züge sind nach Einfahrt bis an die vorgesehenen Stellen zu fahren und mit allseitig gechlossenen Fenstern an den Leiter der Einfahrt zu übergeben.
3. Vor Verlassen des Triebwagens hat der Fahrer die Handbremse anzuziehen, den Umschalthebel in Nullstellung zu bringen und den Hauptschalter auf diesem Fahrerstand auszuschalten.
   Vom Triebwagen abgekuppelte Beiwagen sind vom zugehörigen Schaffner festzubremsen.
4. Erst nach Übergabe des Zuges an die Ablösenden bzw. nach vorschriftsmäßiger Abstellung im Betriebshof darf der Zug verlassen werden.

D) Fahrten zum und vom Dienst.

Bei Fahrten in Dienstkleidung dürfen Fahrbedienstete sich nur auf der vorderen Plattform der Beiwagen und, wenn keiner mitgeführt wird, der Triebwagen aufhalten. Hierbei ist jede Unterhaltung mit dem Wagenführer strengstens verboten.

§ 13. Fahren auf Betriebshöfen.

Auf den Betriebshöfen und besonders in den Hallen ist stets langsam — höchstens 10 km/h — und vorsichtig zu fahren.

Die Ein- und Ausfahrt bei Betriebshöfen hat mit besonderer Vorsicht zu erfolgen. Straßenverkehr nicht gefährden! (siehe § 57,9).

§ 14. Streckenkenntnis.

Fahrer und Schaffner dürfen nur auf den Linien Dienst leisten, über deren Streckenverhältnisse sie nachweislich unterrichtet sind; andernfalls muß ein Lotse den Zug als Zugführer begleiten.

§ 15. Verhalten gegenüber Fahrgästen.

1. Den Fahrgästen gegenüber ist ein höfliches aber bestimmtes Benehmen erforderlich. Jeder Bedienstete soll die Fahrgäste so behandeln, wie er selbst als Fahrgast behandelt zu werden wünscht.
2. Wenn erforderlich, sind Fahrgäste auf den Beschwerdeweg zu verweisen. Hierbei sind Dienstnummer oder Name anzugeben. Selbst wenn Fahrgäste ihrerseits beleidigend werden, sollen die Bediensteten Selbstbeherrschung bewahren und nicht mit Beleidigungen antworten.

Die beiden Aufnahmen vom Mai 1950 zeigen die Wartehalle mit Pavillon in Porta.

Oben: ein Blick zum Jakobsberg - noch ohne Fernsehturm.

Unten: Abfahrbereit steht Tw 8 mit Bw 104 und 106.

Fotos:
H. Solle/Sammlung Schütte

Einige Monate zuvor ist ein 15jähriger Junge tödlich verletzt worden, als er am 2. Februar 1943 auf der Strecke nach Barkhausen zwischen Solbad Minden und dem Schützenhaus aus dem ersten Beiwagen fiel. Der Bursche war mit einigen jungen Leuten am Markt eingestiegen und während der Fahrt des öfteren auf- und abgesprungen. Nachdem die Schaffnerin ihn ernsthaft ermahnt hatte, schaukelte der ca. 85 kg schwere Junge auf der Kette an der Tür. Dadurch rissen auf Dauer die Holzschrauben aus ihrer Verankerung, so daß der 15jährige mit dem Kopf gegen einen Baum prallte und unter den letzten, zweiten Anhänger geschleudert wurde.

Von einer ungewöhnlichen Betriebsstörung berichten die Straßenbahnunterlagen schon 1937. Am 9. April fuhr am Wesertor ein Trecker, dessen Bremsen nicht funktionierten, auf ein Flugzeug der Luftwaffe, das per Straßentransporter unterwegs war. Das Flugzeugheck geriet in die Oberleitung und verursachte einen Erdschluß.

Neue Wartehalle - Keine Ersatzteile

1939 kann die Straßenbahn Minden noch eine Wartehalle mit Verkaufsständen und Café an der Endhaltestelle Porta fertigstellen; danach sind Materialien - gleich welcher Art - sehr bald kaum noch zu bekommen.

1941 zwingt der Treibstoffmangel das EMR, seine Kraftfahrlinien - in Minden verkehren Busse vom Markt zum Hohenzollernring, zum Kuhlenkamp und über Leteln nach Wietersheim - einzuschränken und vornehmlich nur noch Berufstätige zu bedienen.

Ab 1942 bekommt die Straßenbahn keine Radreifen mehr für ihre Trieb- und Beiwagen,
„so daß wir jetzt (Oktober 1944) *so weit sind, daß einige Motor- und Anhängewagen wegen der abgenutzten Radreifen außer Betrieb gesetzt werden mußten. (...) Es ist daher wahrscheinlich, daß wir in kurzer Zeit unseren Verkehr fast vollkommen stillegen müssen."*

Nur unter Hinweis auf die Beförderung von Arbeitern zu den Rüstungsbetrieben gelingt es gegen Ende des Jahres, doch den dringend notwenigen Ersatz zu erhalten.

Straßenbahnlinien schwer getroffen

Im November 1944 treffen Luftangriffe die Straßenbahnstrecken zwischen Friedhof-Wesertor-Meißen so schwer, daß der Betrieb auf diesen Linien eingestellt werden muß.

Bereits zum Jahresende 1943 haben Bomben die Altstadt im Bereich der Kampstraße, Brüder- und Pöttcherstraße stark in Mitleidenschaft gezogen. Zwischen Ende Oktober und Mitte Dezember 1944 folgen weitere Angriffe im Norden, Westen und Osten der Stadt, auf die Kanalüberführung und den MKB-Bahnhof Königstor. Menschen müssen ihr Leben lassen; der von Deutschland ausgegangene totale Krieg auch gegen Zivilisten kehrt mit schrecklichen Opfern und Zerstörungen in das Land zurück. Am 28. März 1945 wird der Stadtkern von Minden mit Rathaus, Dom und dem Scharn in Schutt und Asche gelegt. Eine Woche später sprengen deutsche Truppen die Kanalüberführung sowie die Weser- und Kanalbrücken.

Zum 1. März 1945 hat die Straßenbahn noch zum Einsparen von Kraftstoffen, Strom, Fahrzeugen und Personal rigoros den Sonntagsverkehr aus ihrem Fahrplan bis auf zwei oder drei Züge pro Linie gestrichen, die dem sonntäglichen Berufsverkehr dienen.

Mit Sprengung der Brücken und Ende des Krieges liegt der Straßenbahnverkehr endgültig still.

Links: Die Uniformen der Straßenbahner ähnelten nach dem Kriege denen der Polizei. Sammlung W. Wehmeyer

Unten: Letzter - leider nicht sehr gut erhaltener - Fahrplan vor dem Kriegsende. Sonntags ist der Verkehr drastisch reduziert. Staatsarchiv Detmold

Fahrplan Straßenbahn Minden G.m.b.H. Gültig ab 1. 3. 1945

Linie I

Markt–Porta

		W		W	S	W	W	W	W	W		W
ichsbahnhof	ab		607	707	807	907	1107	1307	1507	1707	1807	1907
arkt			615	715	815	915	1115	1315	1515	1715	1815	1915
triebsbahnhof		530	19	19	19	19	19	19	19	19	19	19
d Minden		32	21	21	21	21	21	21	21	21	21	21
llern		35	24	24	24	24	24	24	24	24	24	24
ta	an	43	32	32	32	32	32	32	32	32	32	32

Porta–Markt

		W	W		W	S	W	W	W	W	W		W
Porta	ab	550	615	638	735	845	945	1145	1345	1545	1745	1845	1935
Zollern		58	23	46	43	54	54	54	54	54	54	54	44
Bad Minden		601	26	49	46	57	57	57	57	57	57	57	47
Betriebsbahnhof		03	29	52	49	59	59	59	59	59	59	59	49
Markt		07	33	56	53	903	1003	1203	1403	1603	1803	1903	53
Reichsbahnhof	an	614	644	714	814		1014	1214	1414	1614	1814	1911	

Linie II

Markt–Dützen

		W	W		W	W	W	W		W	W
arkt	ab		620	720	815	1015	1215	1415	1650	1750	1850
etriebsbahnhof		545	24	24	[illegible]	19	19	19	54	54	54
ad Minden		47	26	26	[illegible]	21	21	21	57	57	57
ölhörst		50	29	29	[illegible]	24	24	24	1700	1800	1900
ützen	an	55	34	33	[illegible]	29	29	29	05	05	05

Dützen–Markt

		W	W		W	W	W	W		W	W
Dützen	ab	600	638	735	845	1045	1245	1145	1713	1813	1913
Bölhorst		05	43	40	50	50	[illegible]	50	18	18	18
Bad Minden		08	46	43	53	53	[illegible]	53	21	21	21
Betriebsbahnhof		10	48	45	55	55	[illegible]	55	23	23	23
Markt	an	14	52	[illegible]	59	[illegible]	[illegible]	59	28	28	28

Linie III

Friedhof–Reichsbahnhof–Meißen

		W	W	W	W		W	W	W	W	W	W	W	W	W	W		W	W	
riedhof	ab		600	630	[illegible]	730	800	900	1000	1100	1200	1300	1400	1500	1600	1700	1730	1800	1830	[illegible]
oos		538	08	38	08	38	08	08	08	08	08	08	08	08	08	08	38	08	[illegible]	[illegible]
eichsbahnhof		45	15	45	15	45	15	15	15	15	15	15	15	15	15	15	45	15	45	[illegible]
[illegible]		48	18	48	18	48	18	18	18	18	18	18	18	18	18	18	48	18	48	[illegible]
otthorn		51	21	51	21	51	21	21	21	21	21	21	21	21	21	21	51	21	51	21
eißen	an	53	23	53	23													23	53	

Meißen–Reichsbahnhof–Friedhof

		W	W	W	W	W		W	W	W	W	W	W	W	W	W	W	W		W	W	W	W
eißen	ab		555	625	655	725														1825	1855		
otthorn			57	27	57	27	757	827	927	1027	1127	1227	1327	1427	1527	1627		1727	1757	1827	1857	1927	
do			600	30	700	30	800	30	30	30	30	30	30	30	30	30		30	1800	30	1900	30	
ichsbahnhof			07	37	07	37	07	37	37	37	37	37	37	37	37	37	1707	37	07	37	07	37	1945
oos		548	12	42	12	42	12	42	42	42	42	42	42	42	42	42	12	42	12	42	12	42	52
riedhof	an	56	20	50	20	50	Betr.-Bhf.	50	50	50	50	50	50	50	50	50	20	20	20	50	20		Betr.-Bhf.

W = nur werktags.

S = Sonn- und feiertags.

Die mit Wellenlinie (⌇) bezeichneten Wagen verkehren nicht täglich.

Ausgabe von Monatskarten und Wertmarken: 1) Betriebsbahnhof Portastr. 1, 2) Reise-u. Verkehrsbüro, Minden, Rathaus, 3) Zigarrengeschäft Bodenstein, Markt 10.

Ausgabe von Wertmarken:
E. M. R., Fischerallee 4.

DRUCKEREI KEMPE, MINDEN

Straßenbahn als Trümmer-Expreß: Auf schmalspurigen, offenen Güterwagen der Mindener Kreisbahnen wird Schutt aus der Innenstadt herausgefahren. Kommunalarchiv Minden

Ein seltenes Bilddokument von der Zerstörung im Bereich der Scharn- und Hohnstraße. Im Hintergrund ein Straßenbahnzug auf dem Marktplatz.

Sammlung H. Krumme

c) Straßenbahn als „Trümmer-Expreß"

Ein Vierteljahr lang - von April bis Juni 1945 - ruht der Straßenbahnverkehr völlig und auf allen Linien. Danach genehmigt die britische Militärregierung, daß stundenweise für den Berufsverkehr gefahren wird, und zwar zunächst einmal auf den Strecken nach Porta und Dützen. Bis nach Meißen kann ohnehin keine Straßenbahn fahren, da die Weserbrücke zerstört ist, ebenso die Kanalbrücke vor dem Friedhof. Neun Stunden pro Tag - außer sonntags - sind statt der bisherigen 18 Stunden täglich genehmigt.

Die Fahrzeuge haben während des Krieges keine größeren Schäden erlitten, so daß der stark eingeschränkte Verkehr von daher keine Schwierigkeiten bereitet. Aber Gleis- und Stromzuführungsanlagen müssen repariert werden. Im Osten der Stadt, auf dem anderen Weserufer, haben die von der Straßenbahnlinie abgeschnittenen Bewohner großes Glück gehabt.

Paul Detering, seit 1933 Triebwagenführer in Minden, erinnert sich: Ein Motorwagen war vor der Brückensprengung auf der rechten Weserseite stehengeblieben, so daß er zwischen dem Brückenkopf und der Endstation Meißen hin- und herpendeln konnte. Die britischen Pioniere hatten eine Notbrücke, die zweispurige „Francis Bridge" aus Holz, erbaut, die bis Anfang 1947 die alte Weserbrücke ersetzen mußte. P. Detering und sein damaliger Kollege H. Schmöe wohnten in Meißen und Petzen

Von der schmalen Häuserzeile zwischen Scharn- und Hohnstraße blieben nur zwei Häuser unzerstört. Sie sind in Bildmitte neben der Straßenbahn zu erkennen. Später werden die beiden Gebäude im Zuge der Neugestaltung des Scharns abgerissen.

Archiv EMR

und fuhren die Straßenbahn im Pendelverkehr (mit Anschluß auf der anderen Weserseite) noch bis 1948. So lange dauerte es, bis alle Wiederherstellungsarbeiten für den Straßenbahnverkehr auf der Weserbrücke abgeschlossen waren.

Die Kanalbrücke im Zuge der Marienstraße wird im Herbst 1946 wieder für Fußgänger passierbar, aber wegen des in allen Bereichen herrschenden Materialmangels bleibt sie vorerst nur behelfsmäßig zu benutzen. Erst 1947 kann sie die Bahn wieder befahren.

In der Innenstadt ist die Straßenbahn mit Beginn der Aufräumungsarbeiten zum „Trümmer-Expreß" geworden. Die unvorstellbaren Mengen von Schutt werden in offene, schmalspurige Güterwagen der Mindener Kreisbahnen hinter Triebwagen der Straßenbahn geladen und aus der Innenstadt hinausgefahren, um nach Möglichkeit zum Instandsetzen weniger stark beschädigter Häuser zu dienen.

Für die Kontrollkommission wird 1946 ein Pendelverkehr zwischen dem Markt und der Mudra-Kaserne an der Porta-

Vor den Ruinen des Rathauses: Triebwagen 4 als Sonderfahrzeug der britischen Streitkräfte im Januar 1946.
Kommunalarchiv Minden

straße eingerichtet. Für diesen und andere Dienste werden täglich zwei Triebwagen eingesetzt; Wagen 4 erhält einen zusätzlichen farbigen Anstrich und die Aufschrift „C.C.G. & Services Personnel".

Die von den Alliierten beschlagnahmte Wartehalle in Porta wird wieder freigegeben.

Postkartenansicht der Bäckerstraße aus den 50er Jahren. Sammlung A. Spühr

d) Die „Elektrische" in Zahlen und Anekdoten

Auf die gute alte Straßenbahn war Verlaß! Ingrid Battermann, ein echtes Mindener Kind, das an der Bäckerstraße groß geworden ist, berichtet noch gern davon:

„Es war in den Jahren 1947/49. Wir wohnten damals am Bierpohl, mein Mann, unser kleiner Sohn und ich. Wenn ich in die Stadt wollte – wegen des Elternhauses an der Bäckerstraße war das sehr oft –, mußte ich zur Haltestelle am Friedhof. Vom Bierpohl 10 Minuten zu Fuß, mit Kind in einer Sportkarre, bei Regen mit Regenschirm und einer großen Stadttasche. Hin und wieder vermißte man mal einen Schirm. Neue konnte man damals nicht kaufen; es waren also alles ältere aus meinem Besitz, um die es gleich geht.
Als wir eines Tages lasen, daß Fundsachen aus den Straßenbahnen aus dem Depot an der Portastraße abgeholt werden könnten – ansonsten würden sie versteigert –, zog ich los. Genau eine Viertelstunde vor dem Versteigerungstermin machte ich die Tür zum Fundbüro auf. Der zuständige junge

Monatskarte

für Herrn ~~Frl.~~ Gerd Werner

in Minden [illegible]-Str. Nr. 125

Straßenbahn Minden G. m. b. H.

7522

Gerd Werner

Eigenhändige Unterschrift

DRUCKEREI KEMPE, MINDEN

Straßenbahn Minden 1950 GmbH 6,- DM (1)

Straßenbahn Minden 1950 GmbH 6,- DM (2)

Straßenbahn Minden 1950 GmbH 6,- DM (3)

Straßenbahn Minden 1950 GmbH 6,- DM (4)

Straßenbahn Minden 1950 GmbH 6,- DM (5)

Straßenbahn Minden 1950 GmbH 6,- DM (6)

Straßenbahn Minden 1950 GmbH 6,- DM (7)

Straßenbahn Minden 1950 GmbH 6,- DM (8)

Straßenbahn Minden 1950 GmbH 6,- DM (9)

Straßenbahn Minden 1950 GmbH 6,- DM (10)

Straßenbahn Minden 1950 GmbH 6,- DM (11)

Straßenbahn Minden 1950 GmbH 6,- DM (12)

Unaufgefordert vorzuzeigen!

Die Karte ist nicht übertragbar. Bei Betriebsstörungen kann Anspruch auf Entschädigung n i c h t erhoben werden. Bei Verlust der Karte wird kein Ersatz geleistet. Bei widerrechtlicher Benutzung erfolgt Einziehung und gerichtliche Verfolgung. Beförderung erfolgt auf Grund der Beförderungsbedingungen.

Straßenbahn Minden G. m. b. H.

Solo-Triebwagen 11 am 5. Mai 1956 auf dem Bahnhofsvorplatz.

Foto: H. Solle/Sammlung Schütte

Mann zeigte mir alle in den letzten ein bis zwei Jahren in den Straßenbahnen liegengebliebenen Schirme. Ich traute meinen Augen nicht; denn ich konnte allein vier von ihnen als mein Eigentum ausmachen. Das erstaunte Gesicht meines Gegenübers werde ich nie vergessen.

Nachdem er sich hinsichtlich meiner Person und der Verluste vergewissert hatte, händigte er mir die vier Schirme aus und meinte, ich solle in Zukunft doch besser auf sie achtgeben. Zuhause und später bei vielen Gelegenheiten haben wir uns über dieses Histörchen noch oft gefreut und gelacht. Auf die Straßenbahn war eben Verlaß!"

Aber nicht genug damit; die Zuverlässigkeit und Freundlichkeit des Personals machte ihre Beliebtheit allein nicht aus. I. Battermann: „Zu jedem Zug fuhr sie zum Bahnhof, und beim Ankommen stand sie praktisch vor den Bahnhofsstufen."

Zu Fuß zum Bahnhof

In der Tat, die häufige Zugfolge vom frühen Morgen bis in den späten Abend ließ kaum Wünsche offen - bei denen, die sie auch benutzten. Die Bahn verkehrte zwischen Markt und Bahnhof viertelstündlich. Das EMR als alleiniger Gesellschafter war mit der Auslastung dieses Streckenabschnittes jedoch nicht zufrieden. Es gab viele, die in der Nachkriegszeit lieber zu Fuß über die Brücken gingen, als den teuren Einheitstarif, der erst 1951 wieder aufgehoben wird, zu zahlen.

Neue Linienführung
am Poos.

Archiv EMR

Gleisbauarbeiten
1949 im Scharn.

Archiv EMR

Geschmückter Straßenbahnzug zur festlichen Inbetriebnahme des neuen Scharns.

Archiv EMR

1951 ein neuer Scharn

Die Bahn ließ in den engen Straßen der Innenstadt manches Mal das Geschirr im Schrank klappern. Daran hatte man sich im Laufe der Jahre gewöhnt. Initiativen zur Änderung der Linienführung über den Marienwall (1932) oder durch die Vinckestraße (1929) waren längst vergessen.

Die Hohnstraße ist nach dem Kriege nicht wieder aufgebaut worden. Die letzten beiden verbliebenen Häuser am Poos werden zur Verbreiterung des Scharns abgerissen, der damals sein heutiges Gesicht erhielt. Die Gleise verlaufen nun auf der Seite der früheren Hohnstraße. Festlich geschmückt wird er 1951 „in Betrieb" genommen.

Die erforderliche Umgestaltung der Gleisanlagen von Markt und Scharn hat die Straßenbahn 50 400 DM gekostet.

Halbierung des Fahrgastaufkommens

Im Betrieb von 1951 verzeichnet man eine anhaltend rückläufige Tendenz. Die Beförderungszahlen lagen im letzten Kriegsjahr bei knapp 6,5 Millionen Fahrgästen. 1945, als kaum gefahren wurde, waren es rund 2,4 Millionen und im folgenden Jahr bei durchgehendem, aber durch die zerstörten Brücken behindertem Verkehr immerhin noch 4,8 Millionen. Diese reduzieren sich bis

Blick in einen vollbesetzten Beiwagen der Serie 101-106.
Kommunalarchiv Minden

1951 auf ca. 3,4 Millionen, das heißt nur noch gut die Hälfte des Kriegsverkehrs:

1944 - 6 361 091 Personen
1945 - 2 392 395 Personen
1946 - 4 777 866 Personen
1949 - 4 232 344 Personen
1950 - 3 746 372 Personen
1951 - 3 357 759 Personen

Das Verkehrsaufkommen verteilt sich angesichts starken Berufs- und Schülerverkehrs nicht gleichmäßig über den Tag, sondern bringt morgens zwischen 7 und 9 Uhr, mittags zwischen 11 und 13 sowie abends von 17 bis 19 Uhr Spitzenzeiten, in denen mit Verstärkungswagen gefahren werden muß.

Zwei Beiwagen für Spitzenzeiten

Auf der Linie nach Porta sind Zwei-Wagen-Züge ein gewohntes Bild. Man sieht hier vorwiegend Straßenbahnzüge mit einem oder – für Spitzenverkehre – zwei Beiwagen. Nach Dützen und Meißen sind nur einmal am Tag zwei Beiwagen nötig; ansonsten wird nur einer oder ebenso oft auch gar kein Anhängewagen mitgenommen.

Hier eine Übersicht vom Januar 1951.

Uhrzeit	Porta	Dützen	Friedhof – Meißen
je 1 Triebwagen +		Beiwagen	
6- 7	1	1	–
7- 8	2	2	1
8- 9	2	1	2
9-10	1	–	–
10-11	–	1	–
11-12	1	–	–
12-13	1	1	1
13-14	2	–	1
14-15	1	1	1
15-16	1	–	1
16-17	–	–	–
17-18	2	1	1
18-19	2	1	–
19-20	1	1	–
20-21	–	–	–
21-22	–	–	–
22-23	1	–	–

Die Straßenbahnzüge verkehren folgendermaßen:

1-Stunden-Takt:	Dützen Porta (6-12, 20-23 Uhr)
1/2-Stunden-Takt:	Porta (12-20 Uhr) Friedhof – Meißen
1/4-Stunden-Takt:	Markt – Bahnhof

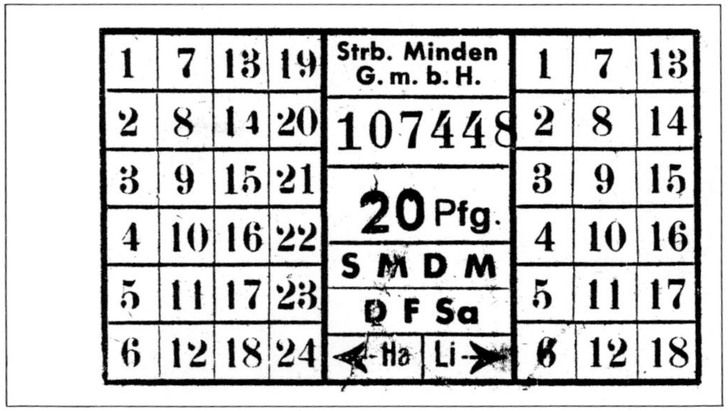

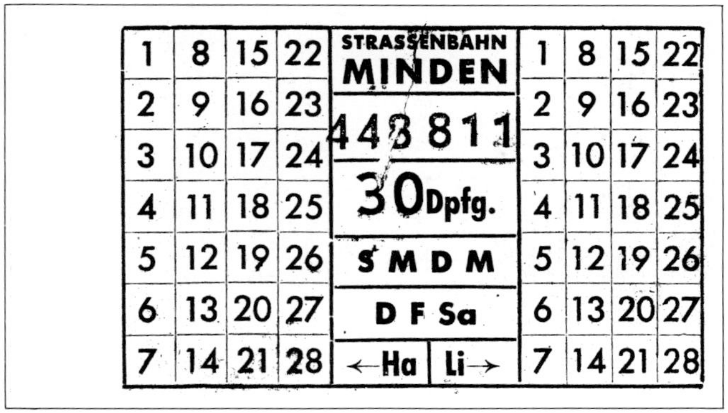

Links: Tw 1 und 5 Pfingsten 1956 in Porta. Manche nannten die erste Triebwagenserie „Wilde Esel".

Foto: H. Solle/Sammlung Schütte

Unten: Gleisbauarbeiten 1952 in Porta.

Archiv EMR

EMR - HK

Strab. Mdn.

Entwertung für Umsteiger

1	6	11	16	21	26	31	055 404			
2	7	12	17	22	27	32	50 Pf			
3	8	13	18	23	28	33	36	39	42	45
4	9	14	19	24	29	34	37	40	43	46
5	10	15	20	25	30	35	38	41	44	47

Triebwagen 2 und Beiwagen 104 stehen in Porta zur Rückfahrt bereit. Foto: M. Heyneck

Bereits 1948 wurde die Strecke nach Dützen neu verlegt (im Schotterbett). Bei dieser Gelegenheit entstand die Umfahrung Bölhorst.

Archiv EMR

Zu den Bauarbeiten in der Nachkriegszeit zählt auch die Neuverlegung des Gleises auf der Kanalbrücke (Linie zum Friedhof) 1951.

Archiv EMR

Falsche Weichenstellung war die Ursache dieser Entgleisung auf der Gemeinschaftsstrecke in Meißen-Notthorn. Bei der MKB-Lokomotive handelt es sich um die Nummer 27 oder 28; beide preuß. T 13.1 kamen 1947 nach Minden.

Archiv EMR

Angesichts der rückläufigen Einnahmen wird 1951 der Einheitstarif zugunsten eines Teilstreckentarifs aufgehoben. Dadurch läßt sich der Erlös aus dem Personen- und Gepäckverkehr - der früher auch konzessionierte Güterverkehr hat bei der Straßenbahn Minden niemals eine Rolle gespielt - trotz geringerer Inanspruchnahme auf dem Vorkriegsstand halten.

Mit der Bahn zum Wochenmarkt

A propos Gepäckverkehr: Wer erinnert sich nicht an die Körbe und Säcke in den Straßenbahnen aus Dützen und Meißen, wenn Markttag war! Walter Wehmeyer aus Meißen weiß noch zu berichten, wie „Oma" Plöger - einst Mindens älteste und bekannteste Marktfrau - mit ihren Produkten nach Minden fuhr.

„Sie verstand es meisterhaft, ihre Körbe und Kisten in der Elektrischen zu verstauen, und freute sich diebisch, wenn sich das Personal beim Kassieren verzählte. Davon konnte der Stammfahrer Paul Detering, späterer Bürgermeister der Gemeinde Meißen, ein Liedchen singen, der aber immer hilfsbereit beim Ein- und Ausladen war. ‚Dienst am Kunden' nannte er das lächelnd."

Die Straßenbahn inmitten des Fahrradverkehrs zwischen den Brücken: Tw 2 mit Beiwagen im Juni 1952. Das Auto hat heute, gut 30 Jahre später, beide – Bahn und Radfahrer – von der Fahrbahn verdrängt. Foto: H. Solle/Sammlung Schütte

Man erzählt sich auch noch die Geschichte vom Meißener „Fritze", der seinen Handkarren hinter die Straßenbahn band, oder von dem entgleisten Triebwagen, der sich auf die Seite legte und dennoch kaum eine ernsthafte Schramme davontrug. Spielende Kinder hatten aus dicken Steinen eine „Burg" auf den Schienen gebaut und wohl nicht bedacht, daß die Elektrische noch unterwegs war. Diese entgleiste prompt. Trotz aller Mühe gelang es dem EMR nicht, den Wagen wieder auf die Räder zu stellen. Als der alarmierte Hilfszug der Bundesbahn ihn zurück auf die Schienen brachte, war er zum Erstaunen aller Beteiligten unversehrt und sofort wieder fahrbereit. Die Fahrgäste waren mit dem Schrecken davongekommen und aus der oben liegenden Tür geklettert.

Viel Betrieb am 29. April 1959 auf dem Marktplatz: Tw 2 fährt solo zum Bahnhof.
Tw 4 mit Bw 105 und 112 steht nach Porta bereit und Tw 6 mit weiterem Bw nach Dützen.

Foto:
H. Solle/Sammlung Schütte

Fast jeder kennt eine Geschichte

Es gibt noch eine Reihe von Anekdötchen, die sich um die Mindener Straßenbahn ranken. Sei es die Story von den Schaffnern, die in Porta ihre Pause zum Friseurbesuch nutzten. Wer nicht fertig wurde, mußte per Anhalter den Zug wieder einholen. Oder die Geschichte von der Andenkenverkäuferin in Porta, die stets mit der letzten Bahn zurück zur Edelweißstraße fuhr. Brauste die ansonsten leere Elektrische dann ohne Halt zurück zum Betriebsbahnhof, fand man die schimpfende alte Dame im Beiwagen; denn ins Depot hatte sie nun wirklich nicht wollen. Was blieb übrig, als den Feierabend noch ein bißchen hinauszuschieben und die „vergessene" Frau per Sonderfahrt zurückzubringen.

Abschließend sei noch eine heitere Begebenheit aus dem Jahr der Olympischen Spiele in Melbourne (1956) berichtet. Zwischen den Brücken verpaßte in Minden ein Fahrgast die Straßenbahn und versuchte diese rennend am Wesertor zu erreichen. Als die Frau völlig außer Atem dort ankam und einstieg, erklärte ihr grinsend das höflich wartende Personal: Die haben aber die Falschen nach Melbourne geschickt!

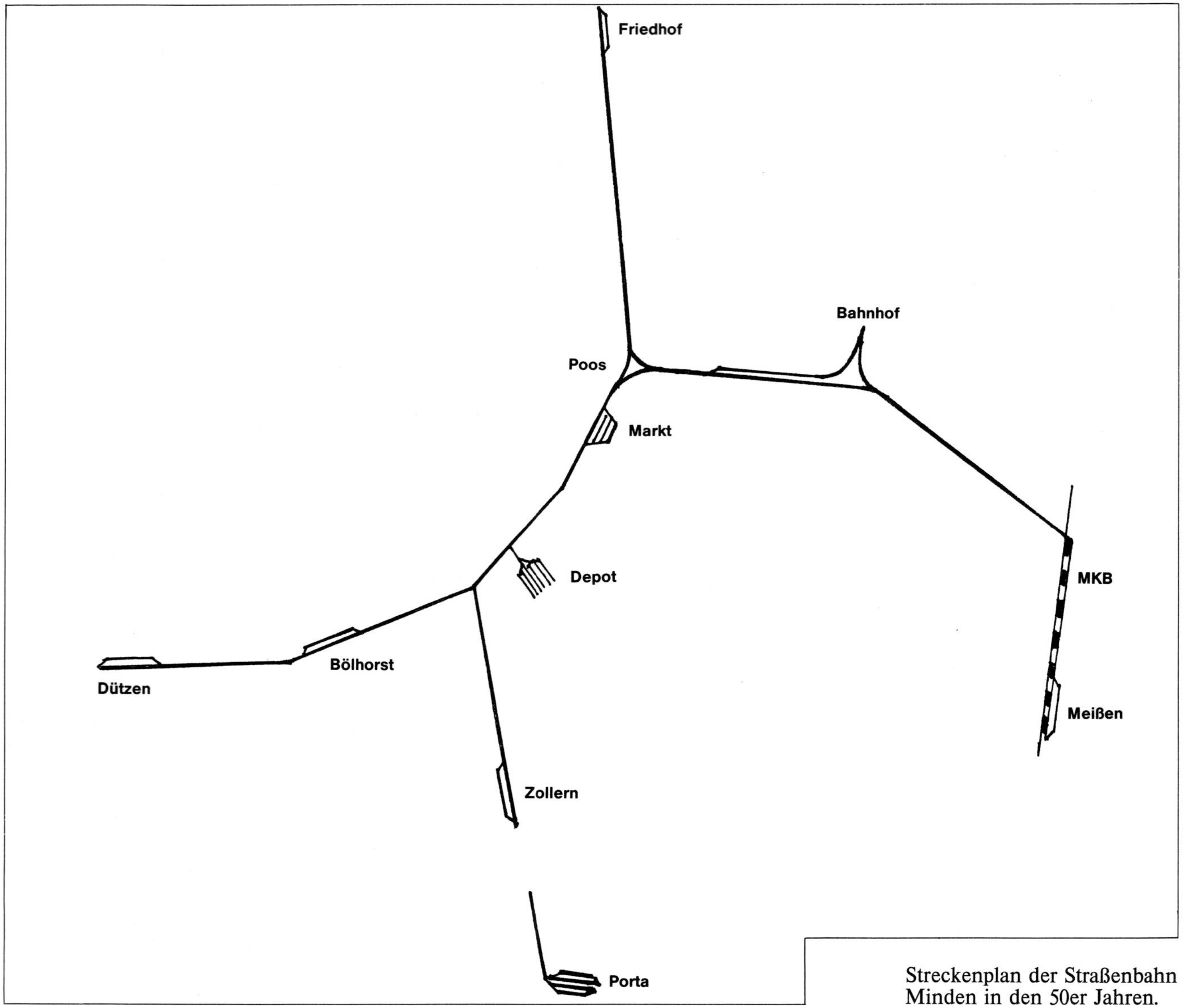

Streckenplan der Straßenbahn
Minden in den 50er Jahren.

1 Bundesbahnhof—Markt—Porta

		W	W■	W■	W	T	T		T			T		T		T
Bundesbahnhof . . .	ab			6.45	7.05	8.07	9.07	10.07	11.07	12.07	12.37	13.07	13.37	14.07	14.37	15.07
Wesertor				6.48	7.08	8.10	9.10	10.10	11.10	12.10	12.40	13.10	13.40	14.10	14.40	15.10
Poos-Hagemeyer . .				6.50	7.10	8.12	9.12	10.12	11.12	12.12	12.42	13.12	13.42	14.12	14.42	15.12
Markt			5.48	6.51	T7.11	8.15	9.15	10.15	11.15	12.15	12.45	13.15	13.45	14.15	14.45	15.15
Betriebsbahnhof . .		5.35	5.52	6.55	7.15	8.19	9.19	10.19	11.19	12.19	12.49	13.19	13.49	14.19	14.49	15.19
Bad Minden		5.37	5.54	6.57	7.17	8.21	9.21	10.21	11.21	12.21	12.51	13.21	13.51	14.21	14.51	15.21
Zollern		5.40	5.57	7.00	7.19	8.24	9.24	10.24	11.24	12.24	12.54	13.24	13.54	14.24	14.54	15.24
Barkhausen		5.45	6.02	7.06	7.25	8.30	9.30	10.30	11.30	12.30	13.00	13.30	14.00	14.30	15.00	15.30
Porta	an	5.47	6.04	7.08	7.27	8.32	9.32	10.32	11.32	12.32	13.02	13.32	14.02	14.32	15.02	15.32

					T		T		T		T				
Bundesbahnhof . . .	ab	15.37	16.07	16.37	17.07	17.37	18.07	18.37	19.07	19.37	20.07	21.07	22.17	23.10	
Wesertor		15.40	16.10	16.40	17.10	17.40	18.10	18.40	19.10	19.40	20.10	21.10	22.20	23.13	
Poos-Hagemeyer . .		15.42	16.12	16.42	17.12	17.42	18.12	18.42	19.12	19.42	20.12	21.12	22.22	23.14	
Markt		15.45	16.15	16.45	17.15	17.45	18.15	18.45	19.15	19.45	20.15	21.15	22.25	23.15	23.55
Betriebsbahnhof . .		15.49	16.19	16.49	17.19	17.49	18.19	18.49	19.19	19.49	20.19	21.19	22.29	23.19	23.59
Bad Minden		15.51	16.21	16.51	17.21	17.51	18.21	18.51	19.21	19.51	20.21	21.21	22.31	23.21	Betr.
Zollern		15.54	16.24	16.54	17.24	17.54	18.24	18.54	19.24	19.54	20.24	21.24	22.34	23.24	Bhf.
Barkhausen		16.00	16.30	17.00	17.30	18.00	18.30	19.00	19.30	20.00	20.30	21.30	22.40	23.30	
Porta	an	16.02	16.32	17.02	17.32	18.02	18.32	19.02	19.32	20.02	20.32	21.32	22.42	23.32	

1 Porta—Markt—Bundesbahnhof

		W	W■	W■	T	T	T		T			T		T	
Porta	ab	5.50	6.27	7.11	7.33	8.46	9.46	10.46	11.46	12.46	13.16	13.46	14.16	14.46	15.16
Barkhausen		5.52	6.29	7.13	7.35	8.48	9.48	10.48	11.48	12.48	13.18	13.48	14.18	14.48	15.18
Zollern		5.57	6.35	7.19	7.40	8.54	9.54	10.54	11.54	12.54	13.24	13.54	14.24	14.54	15.24
Bad Minden		5.59	6.38	7.22	7.43	8.57	9.57	10.57	11.57	12.57	13.27	13.57	14.27	14.57	15.27
Betriebsbahnhof . .		6.01	6.40	7.24	7.45	8.59	9.59	10.59	11.59	12.59	13.29	13.59	14.29	14.59	15.29
Markt		6.05	6.44	7.28	7.50	9.04	10.04	11.04	12.04	13.04	13.34	14.04	14.34	15.04	15.34
Poos-Hagemeyer . .		6.06	6.45	7.29	7.51	9.05	10.05	11.05	12.05	13.05	13.35	14.05	14.35	15.05	15.35
Wesertor		6.08	6.47	7.31	7.53	9.07	10.07	11.07	12.07	13.07	13.37	14.07	14.37	15.07	15.37
Bundesbahnhof . . .	an	6.11	6.50	7.34	7.56	9.10	10.10	11.10	12.10	13.10	13.40	14.10	14.40	15.10	15.40

		T				T		T		T		T			
Porta	ab	15.46	16.16	16.46	17.16	17.46	18.16	18.46	19.16	19.46	20.16	20.46	21.46	22.45	23.35
Barkhausen		15.48	16.18	16.48	17.18	17.48	18.18	18.48	19.18	19.48	20.18	20.48	21.48	22.47	23.37
Zollern		15.54	16.24	16.54	17.24	17.54	18.24	18.54	19.24	19.54	20.24	20.54	21.54	22.53	23.42
Bad Minden		15.57	16.27	16.57	17.27	17.57	18.27	18.57	19.27	19.57	20.27	20.57	21.57	22.56	23.45
Betriebsbahnhof . .		15.59	16.29	16.59	17.29	17.59	18.29	18.59	19.29	19.59	20.29	20.59	21.59	22.59	23.47
Markt		16.04	16.34	17.04	17.34	18.04	18.34	19.04	19.34	20.04	20.34	21.04	22.04	23.02	23.51
Poos-Hagemeyer . .		16.05	16.35	17.05	17.35	18.05	18.35	19.05	19.35	20.05	20.35	21.05	22.05	23.03	
Wesertor		16.07	16.37	17.07	17.37	18.07	18.37	19.07	19.37	20.07	20.37	21.07	22.07	23.05	
Bundesbahnhof . . .	an	16.10	16.40	17.10	17.40	18.10	18.40	19.10	19.40	20.10	20.40	21.10	22.10	23.08	

■ Anschluß nach bezw. von Bad Oeynhausen (werktags)   T Anschluß nach bezw. von Bad Oeynhausen (täglich)

Sommerfahrplan 1955

Im Mai 1954 fuhr der erste Obus von Porta über die neue Weserbrücke nach Hausberge.

Foto: H. Solle/Sammlung Schütte

e) Auf dem Wege ins Abseits – Zwischen Schiene, Oberleitung und Bus

Falsch oder richtig – das ist grob vereinfacht auch die Frage, vor die sich die Straßenbahn bei stagnierendem Verkehrsaufkommen gestellt sieht, obwohl – und das sei angesichts des in der Bundesrepublik nach und nach um sich greifenden Klein- und Straßenbahnsterbens einmal besonders betont – die Beförderungszahlen in Minden mit durchschnittlich 3,5 Millionen Fahrgästen jährlich in der ersten Hälfte der fünfziger Jahre außerordentlich gut liegen. Sie betragen damit doppelt so viel wie in den Friedensjahren vor dem Krieg. Zum Vergleich:

1936 – 1 302 856 Personen	1951 – 3 357 759 Personen
1937 – 1 527 258 Personen	1952 – 3 417 061 Personen
1938 – 1 658 993 Personen	1953 – 3 559 708 Personen
1939 – 1 973 563 Personen	1954 – 3 775 804 Personen

Wenn die Einnahmen trotzdem bei gleichbleibendem Liniennetz und Fahrzeugpark die Ausgaben nicht decken können, so müssen die Gründe woanders als in der Abwanderung der Fahrgäste von der Schiene liegen; denn die Straßenbahn ist in Minden nach wie vor beliebt. Als ein wesentlicher Finanzfaktor schlagen beim EMR in Herford die Personalkosten zu Buche. Die Belegschaft hat sich bei der Straßenbahn Minden im Vergleichszeitraum um rund 25 Prozent erhöht:

1936 - 47 Beschäftigte	1951 - 64 Beschäftigte
1937 - 48 Beschäftigte	1952 - 63 Beschäftigte
1938 - 48 Beschäftigte	1953 - 62 Beschäftigte
1939 - 50 Beschäftigte	1954 - 62 Beschäftigte

Dazu steigen gerade in diesen Jahren des Aufschwungs Lohn- und Sozialkosten sowie die für die Altersversorgung ganz erheblich, so daß sie zusammen mit erhöhter Abschreibung zu Verlusten in der Bilanz führen. Zudem sind der Fahrzeugpark und die Gleisanlagen während des letzten Jahrzehnts stark strapaziert worden und lassen in Zukunft Erneuerungs- bzw. Modernisierungsarbeiten voraussehen.

Erster Versuch mit Obussen

Die Situation ist also keineswegs befriedigend und Abhilfe geboten. Auf der Suche nach einer Lösung, den Verkehr wieder einträglicher zu gestalten, macht die Abteilung Kraftverkehr des Elektrizitätswerkes mit der Einrichtung einer Obus-Linie einen entsprechenden Vorstoß. Am 19.

Obus Nr. 3 mit Anhängewagen nach Vlotho an der Abfahrtsstelle in Minden am Domhof (18. Juni 1955).

Foto:
H. Solle/Sammlung Schütte

Dieselbus nach Rodenbeck, Straßenbahnen nach Porta und Dützen an ihren Haltestellen auf dem Marktplatz.

Sammlung Schütte

Obus an der Schleife in Holzhausen/Porta am 5. Juli 1959.

Foto:
H. Solle/Sammlung Schütte

2 **Bundesbahnhof—Markt—Dützen** und zurück

		W	W	W	W	W						W						Sa/So	
Bundesbhf .	ab			6.26		7.40	8.37	9.37	10.37	11.37						20.37	21.42		
Wesertor . .	ab			6.29		7.43	8.40	9.40	10.40	11.40				u. s. f.		20.40	21.45		
Poos . . .	ab			6.31		7.45	8.42	9.42	10.42	11.42						20.45	21.47		
Markt . .	ab			6.32	7.16	7.50	8.50	9.50	10.50	11.50	12.50	13.08	13.50	stündl.	19.50	20.50	21.50	22.30	23.15
Betriebsbhf .	ab	5.35		6.36	7.20	7.54	8.54	9.54	10.54	11.54	12.54	13.12	13.54	bis	19.54	20.54	21.54	22.34	23.19
Bad Minden .	ab	5.37	6.00	6.38	7.22	7.57	8.57	9.57	10.57	11.57	12.57	13.14	13.57		19.57	20.57	21.57	22.37	23.21
Bölhorst . .	ab	5.40	6.03	6.41	7.25	8.00	9.00	10.00	11.00	12.00	13.00	13.17	14.00		20.00	21.00	22.00	22.40	23.24
Dützen . .	an	5.45	6.08	6.46	7.30	8.05	9.05	10.05	11.05	12.05	13.05	13.23	14.05		20.05	21.05	22.05	22.45	23.29

		W	W	W	W							W						Sa/So	
Dützen . .	ab	5.46	6.18	6.50	7.33	8.13	9.13	10.13	11.13	12.13	13.13	13.24	14.13		20.13	21.13	22.06	22.46	23.30
Bölhorst . .	ab	5.50	6.23	6.55	7.38	8.18	9.18	10.18	11.18	12.18	13.18	13.28	14.18	u. s. f.	20.18	21.18	22.10	22.51	23.35
Bad Minden .	ab	5.53	6.26	6.57	7.41	8.21	9.21	10.21	11.21	12.21	13.21	13.30	14.21		20.21	21.21	22.13	22.54	23.38
Betriebsbhf .	ab	an	6.28	6.59	7.43	8.23	9.23	10.23	11.23	12.23	13.23	13.32	14.23	stündl.	20.23	21.23	22.17	22.56	23.40
Markt . .	ab		6.32	7.04	7.47	8.28	9.28	10.28	11.28	12,28	13.28	an	14.28	bis	20.28	21.28	22.21	23.00	an
Poos . . .	ab		6.33	7.05	7.48	8.30	9.30	10.30	11.30	12.30	an		an		an	21.30	an	an	
Wesertor . .	ab		6.35	an	7.50	8.32	9.32	10.32	11.32	12.32						21.32			
Bundesbhf .	an		6.38		7.53	8.35	9.35	10.35	11.35	12.35						21.35			

3 **Markt—Bundesbahnhof** und zurück

		W	W	W	W	W	W													
Markt . . .	ab	5.43	6.05	6.32	6.44	7.28	7.48	7.50	8.21	8.28	8.51	9.04	9.21	9.28	9.51	u. s.	21.04	21.28	22.04	23.04
Poos-Hagemeyer	ab	5.44	6.06	6.33	6.45	7.30	7.49	7.51	8.22	8.30	8.52	9.05	9.22	9.30	9.52	f.	21.05	21.30	22.05	23.05
Wesertor . .	ab	5.46	6.08	6.35	6.47	7.32	7.51	7.53	8.24	8.32	8.54	9.07	9.24	9.32	9.54	bis	21.07	21.32	22.07	23.07
Bundesbahnhof	an	5.49	6.11	6.38	6.50	7.35	7.54	7.56	8.27	8.35	8.57	9.10	9.27	9.35	9.57		21.10	21.35	22.10	23.10

		W	W	W	W														
Bundesbahnhof	ab	6.26	6.45	7.05	7.40	8.07	8.15	8.37	8.45	9.07	9.15	9.37	9.45		21.07	21.15	21.42	22.17	23.10
Wesertor . .	ab	6.29	6.48	7.08	7.43	8.10	8.18	8.40	8.48	9.10	9.18	9.40	9.48	u. s. f.	21.10	21.18	21.45	22.20	23.13
Poos-Hagemeyer	ab	6.31	6.50	7.10	7.45	8.12	8.20	8.42	8.50	9.12	9.20	9.42	9.50	bis	21.12	21.20	21.47	22.22	23.14
Markt . . .	an	6.32	6.51	7.11	7.47	8.13	8.21	8.43	8.51	9.13	9.21	9.43	9.51		21.13	21.21	21.48	22.23	23.15

Sommerfahrplan 1955

Dezember 1953 wird eine etwa 10 Kilometer lange Oberleitungsstrecke von Minden über Lerbeck und Hausberge nach Holzhausen I in Betrieb genommen.

In der Fachzeitschrift »Stadtverkehr« (Nr. 11/12-1983) steht darüber zu lesen:

„Auf der offiziellen Einweihungsfeier im Ratskeller von Minden wurde in den Begrüßungsansprachen auf die Absicht hingewiesen, mit der Inbetriebnahme der ersten Obuslinie (als Verstärkung einer stark befahrenen Dieselbuslinie) die Voraussetzungen zur Umstellung der meterspurigen Straßenbahn in Minden auf Obusbetrieb zu schaffen."

Im Mai 1954 wird die neue Weserbrücke in Porta eröffnet. Sie ist überspannt und ermöglicht dadurch einen Pendelverkehr zwischen der Straßenbahn-Endstation am Kaiserhof und Hausberge. Im Herbst kommt eine weitere Umgehungsstrecke in Lerbeck (2,24 km lang) hinzu, so daß mit 13,9 Kilometern Obuslinie fast das Ausmaß des Straßenbahnnetzes von 14,9 km erreicht ist.

Die Straßenbahn hat sich in ihrer Ausdehnung seit 1930 nicht mehr verändert. Zur Zeit ihrer Anlage führte sie bis in die Randgemeinden von Minden; Anfang der fünfziger Jahre wächst die Stadt im Zuge des Wiederauf- und Ausbaus über die Endhaltestellen der Bahn hinaus und gibt Anlaß zu Überlegungen, inwieweit die neuen Siedlungsräume in den öffentlichen Nahverkehr einbezogen werden können. Siedlungsgebiete wie Kuhlenkamp fährt das EMR bereits mit Dieselbussen an.

„Leider trifft das Verkehrsangebot unter den heutigen Verhältnissen nur schwer die erforderliche Nachfrage, eine Zeiterscheinung, der sich alle Schienenbahnen gegenübergestellt sehen. Zudem ist der Schiene im Kraftfahrzeug ein wendiger und zäher Wettbewerber entstanden, demgegenüber es den Schienenbahnen schwer wird, sich zu behaupten. Doch ist in den Großstädten die Frage bereits dahin entschieden, daß die

Den Obussen ist in Minden kein langes Dasein beschieden: 1965 stehen sie zum Abtransport im Hauptbahnhof bereit.

Sammlung H. Krumme

Straßenbahn trotz allem das sicherste, unumgänglich notwendige Massenverkehrsmittel der breiten Schichten bleiben wird. Dort aber, wo das Verkehrsbedürfnis nicht in der Menge und Dichte der Großstädte auftritt, ist das Kraftfahrzeug ein schwerer Konkurrent. Bei der Ausweitung der Stadt Minden hat sie (die Straßenbahn/d. Verf.) *zweifellos an Bedeutung verloren. Das Verkehrsbedürfnis im ganzen vermag sie nicht mehr zu decken…"*

Als EMR-Direktor Papf diese Äußerungen in seiner Festrede zum 60jährigen Bestehen der »Straßenbahn Minden G.m.b.H.« am 7. September 1953 machte, war noch nicht vorauszusehen, daß auch der neue Obus-Betrieb im Konkurrenzkampf mit dem individuellen Straßenverkehr unterliegen wird – und zwar nicht hinsichtlich des Fahrgastaufkommens, sondern im Wettstreit um den Verkehrsraum auf den Straßen.

1951/52 versuchte man noch den Engpässen zwischen Bahn und Automobil in der Bäckerstraße und vom Markt zur Obermarktstraße mit Signalanlagen zu begegnen und den Einbahnverkehr der Kraftfahrzeuge entsprechend zu regeln. Zunehmend wird auch der schienengebundene Betrieb auf der B 61 vom Individualverkehr „überrollt" und ohne eigene Trasse besonders im Gegenverkehr zu einer Gefahrenquelle. Bei der beabsichtigten Verbreiterung der Bundesstraße bleibt zu überlegen, ob eine neue Gleisanlage im Hinblick auf die Kosten, auf die im ganzen unzureichende Ausdehnung des Schienennetzes und die bereits bestehenden Buslinien zu vertreten sei.

Noch dazu sind die Linien alle eingleisig mit Ausweichen, was eine Verdichtung des Fahrplans – also häufigere und damit attraktivere Zugfahrten – und eine Beschleunigung des Betriebes – sprich: kürzere Fahrzeiten – nicht zuläßt. Die geplanten Straßenbauarbeiten würden auch einen Oberleitungsbusbetrieb stark behindern, so daß auch von dieser Möglichkeit Abstand zu nehmen ist. Die Straßenbahn Minden wird dem Dieselbusverkehr weichen.

Eine Ampelanlage (am Haus links) regelt den Verkehr an der Obermarktstraße. Foto (4. April 1959): R. Todt

Wie sagte doch schon vor einigen Jahren der damalige Direktor Papf:
„Der Kampf zwischen Straße und Schiene wird dadurch nicht entschieden werden können, daß die Schiene sich unter die hemmungslosen Wettbewerber der Straße begibt, auf der ungeachtet allen technischen Fortschritts die Grundvoraussetzung allen gesellschaftlichen Zusammenlebens, Sicherheit vor allem (safety first), leider in Vergessenheit geraten ist."

Aus einem Triebwagen
der Straßenbahn Minden.

Schluß: Einstellung der Straßenbahn Minden

Abschied von der Straßenbahn – auch für das Personal. Archiv EMR

Letzte Fahrten vom Poos zum Bundesbahnhof am 20. Mai 1957.

Archiv EMR

Als erster Straßenbahnabschnitt wird zum 1. November 1956 der Streckenteil vom Bahnhof bis Meißen – die MKB hatte den Gemeinschaftsvertrag gekündigt – stillgelegt und damit das Schienennetz von 14,9 auf 11,8 Kilometer verkürzt. Laut Geschäftsbericht wird „der für die Stilllegungskosten zurückgestellte Betrag von DM 100 000 ... zur Deckung der Aufwendungen benötigt, die zur Wiederherstellung der Straßenpflasterung nach Entfernung der Gleisanlagen auf den stillgelegten Streckenabschnitten entstehen werden."

Am 20. Mai 1957 folgt die Einstellung des Schienenverkehrs zwischen dem Bahnhof und Poos. Es dauert dann zwei Jahre, bis die nächste Linie, von Minden nach Dützen, am 4. Mai 1959 auf Busse umgestellt wird. Und zum Jahresende kommt das endgültige „Aus": am 29. Dezember 1959 fährt die letzte Straßenbahn durch Minden. Dann ist auch zwischen Friedhof und Porta kein Triebwagen mehr unterwegs; es verkehren von nun an auf allen vier ehemaligen Straßenbahnstrecken Dieselomnibusse mit „Flüstermotor".

Der Tw 7 am letzten Betriebstag auf der Strecke nach Dützen, Haltestelle „Hohenstaufenring" (3. Mai 1959).

Gut zwei Wochen nach der Betriebseinstellung werden die Gleise bereits abgebaut (18. Mai 1959).

Fotos:
H. Solle/Sammlung Schütte

Einen Tag vor der Gesamteinstellung der Mindener Straßenbahn: Tw 7 an der Steigung der Marienstraße. Immer wieder auffallend: so gut wie kein Autoverkehr vor 25 Jahren.

Ebenfalls am 28. Dezember 1959 aufgenommen: Endhaltestelle Friedhof mit bereits teilweise entfernten Gleisanlagen.

Fotos:
H. Solle/Sammlung Schütte

Oben: Das letzte Mal mit dem Weihnachtsschmuck am Kaak – links der alte „Grüne Wenzel" – in Minden: Tw 5 und Bw 104 am 27. Dezember 1959.

Rechts: Ungewöhnliche Perspektive in der Mindener Altstadt: Tw 2 auf der Simeonsstraße in Höhe des Weingartens.

Fotos: H. Solle/Sammlung Schütte

Bitterer Kontrast: Obwohl auch in den 50er Jahren die Straßenbahn noch ein beliebtes Verkehrsmittel ist (rechts Pfingstausflugsverkehr 1956), wird am 29. Dezember 1959 auch die letzte Strecke zwischen Friedhof und Porta eingestellt. Am letzten Betriebstag kreuzten bei Zollern Tw 5 und Bw 104 den Tw 6 nach Porta.

Fotos: H. Solle/Sammlung Schütte

Neuer Abschnitt der Mindener Verkehrsgeschichte

Straßenbahnverkehr wird zu Grabe getragen

Letzte Fahrt am 29. Dezember / Abschluß wie vor 66 Jahren der Anfang im Kaiserhof / Acht neue Omnibusse

Die Umstellung des Schienenverkehrs auf der letzten Strecke Friedhof–Markt–Porta auf Omnibusse ist vom 31. Dezember auf einen verhältnismäßig verkehrsruhigeren Tag, den 29. Dezember, vorverlegt. Die letzte Fahrt wird ein geschmückter Zug mit Vertretern der Straßenbahn Minden GmbH. und Gästen aus Stadt und Kreis Minden machen. An derselben Stelle, im Kaiserhof in der Porta, wo am 7. September 1893 die Eröffnungsfahrt gefeiert, am 8. Dezember 1920 der elektrische Betrieb aus der Taufe gehoben wurde, wird dann auch der Straßenbahn-Verkehr zu Grabe getragen. Nach 66 Jahren beginnt ein neuer Abschnitt der Mindener Verkehrsgeschichte.

Für den Straßenbahn-Ersatz hat das EMR acht neue Omnibusse modernster Bauart bereitgestellt. mit denen dann rund fünfzig Busse im Mindener Raum laufen. Die neuen Büssing- und Maffei-Busse stehen, wie gestern in einer Besprechung gesagt wurde, auf dem höchsten Stand der Entwicklung auf diesem Gebiet.

Die neuen Busse sind mit allen Errungenschaften der Technik ausgestattet, die dem Fahrer Erleichterung verschaffen und zugleich den höchstmöglichen Grad an Sicherheit gewährleisten, wie Sicherheitsbremsen, hydraulische Lenkungshilfen, schaltungsfreies stufenloses Getriebe, Flüstermotor. teils Luftfederung und Einzelradfederung.

Die Straßenbahn-GmbH ruht

Die „Straßenbahn Minden GmbH." bleibt vorläufig bestehen, um alle mit dem Straßenbahnbetrieb zusammenhängenden Dinge abzuwickeln. Dann ruht sie. In der Praxis ist ja auch der Betrieb nicht eingestellt, sondern nur auf ein anderes Verkehrsmittel umgestellt.

Ob und wann die Schienen aus der Porta-Friedhof-Strecke herausgenommen werden, steht noch nicht fest. Das hängt mit dem generellen Ausbau der Portastraße zusammen. Die Oberleitungen sollen jedoch umgehend abmontiert werden. Die verbliebenen Fahrzeuge werden entweder nach Herford gebracht oder verkauft. Worauf in der Besprechung gestern besonders hingewiesen wurde:

Das gesamte Personal der Straßenbahn bleibt im Dienst des RMR. Soweit möglich, werden die Kräfte auf Busfahrer umgeschult oder in andere Betriebszweige übernommen. Im Betriebsbahnhof an der Portastraße werden in Zukunft Omnibusse untergebracht.

Weihnachtsausgabe des »Mindener Tageblatts«.

Zum allerletzten Male kehrt die Straßenbahn vom »Kaiserhof« in Porta zum Depot zurück.

Sammlung G. Werner

Der letzte Stempel auf die Mehrfahrtenkarte in der Straßenbahn … Archiv EMR

Einst markante Punkte der Straßenbahn:

Gleisabbau auf dem Markt und in Porta 1960.

Archiv EMR

Verbleib der Fahrzeuge

Was ist aus den Fahrzeugen der Straßenbahn Minden nach Einstellung des Betriebes geworden?

Triebwagen

Die 1959 in Minden vorhandenen Triebwagen weisen ein beträchtliches Alter auf: sie sind 39 bzw. 32 Jahre alt und damit „verbraucht". Ein Teil von ihnen - die Nummern 1 und 4 - wird schon im Laufe des Jahres 1959 im Mindener Betriebshof verschrottet, weitere folgen 1960: die Wagen 2, 3, 5, 6, 7, 10 und 11.

Schon 1954 und 1955 sind laut Geschäftsberichten die Nummern 8 und 9 an die ebenfalls dem EMR gehörende Herforder Kleinbahn verkauft worden (dort Nr. 10 und 11), die beide Fahrzeuge 1962 verschrottet.

Verschrottung der Triebwagen 10 und 11 im Depotgelände an der Portastraße in Minden.

Fotos:
Archiv EMR und
H. Solle/Sammlung Schütte

Das Ende:
Verschrottungsarbeiten auf
dem Depotgelände
Anfang Februar 1960.

Oben: Tw 7 inmitten
von Schrott.

Links: Bw 112 und 113.

Fotos:
H. Solle/Sammlung Schütte

Abbruchstimmung am Depot. Der ehemalige Straßenbahn-Betriebshof wird im September 1960 zum Busdepot umgebaut, später ganz abgerissen.

Foto: H. Solle/Sammlung Schütte

Beiwagen

Auch die Anhängewagen fanden nach der Betriebseinstellung entweder den Weg nach Herford oder wurden in Minden zerlegt. Die ältesten Beiwagen - 112 und 113 - ereilt letzteres Schicksal 1960 ebenso wie den „Salzwagen".

Alle anderen Beiwagen sind an die Herforder Kleinbahnen abgegeben worden, teilweise nicht erst 1959/60, sondern schon früher, wie die nachstehende Übersicht zeigt (Die einschlägige Literatur zu den Herforder Kleinbahnen - siehe Literaturverzeichnis im Anhang - erliegt durchgängig dem Irrtum, alle Mindener Beiwagen mit Ausnahme der Zweiachser seien schon bis 1956 abgegeben worden. Demzufolge wären in Minden nur noch Triebwagen und die Wagen 112/113 gelaufen, was sich z. B. durch Fotografien aus den folgenden Jahren leicht widerlegen läßt, vgl. z. B. S. 177-179).

Wagen 115 im März 1985 bei der Interessengemeinschaft Historischer Schienenverkehr (Selfkantbahn).

Foto: R. Tannen

Minden Betr.-Nr.	Wechsel nach Herford	dortige Nr.	bei Inselbahn Sylt Nr.	von-bis
115	1945	31	103	1961-1971
114	1954	34	102	1961-1972
101	1955	35	35	1966-1972
102	1959/60	38	38	1966-1972
103	1959/60	36	36	1966-1972
104	1959/60	39	39	1966-1972
105	1959/60	40	40	1966-1972
106	1959/60	37	37	1966-1972

Diese Beiwagen haben also insgesamt ein überaus langes Leben gehabt. Sie überstanden die Einstellung der Straßenbahn Minden ebenso wie die der Herforder Kleinbahn 1966. Erst das Ende der Sylter Inselbahn brachte das endgültige „Aus" und damit die Verschrottung nach fast 40 Jahren.

Wagen 115 zurück nach Minden?

Bis auf einen: Den Wagen 115 gibt es heute noch.

Schon 1945 waren die 1927 gebauten Fahrzeuge 114 und 115 zur Herforder Kleinbahn gekommen, zunächst leihweise, weil dort infolge des Krieges starker Wagenmangel herrschte. Der Beiwagen 114 kam, anders als der 115, jedoch vorübergehend zurück – für 1952 ist er in Minden nachgewiesen –, bevor er 1954 endgültig nach Herford ging.

1961 wechselten die beiden ex-Minden-Wagen nach Sylt, und den 115 rettete 1971 die »Interessengemeinschaft Historischer Schienenverkehr« (IHS), die auf der Selfkantbahn im Raume Aachen schmalspurigen Museumsbahnbetrieb macht. Dort wurde er zwischen 1973 und 1975 nach Einbau einer Theke als Büffetwagen eingesetzt und anschließend abgestellt. Die »Museums-Eisenbahn Minden e. V.« (MEM) will den Beiwagen kaufen und nach Minden-Oberstadt überführen.

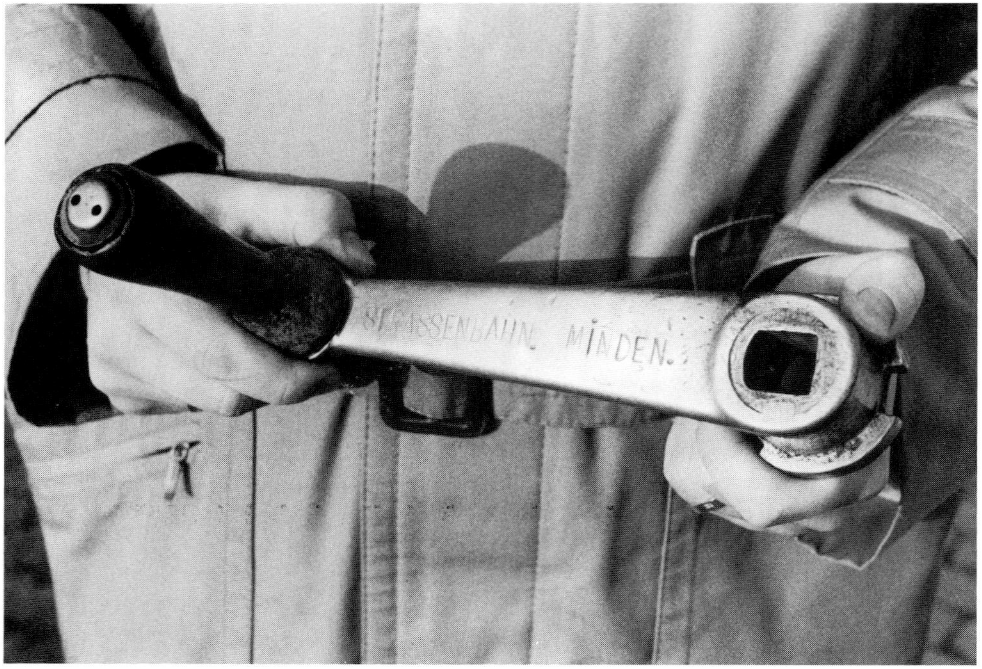

Wenig ist von der Straßenbahn Minden übriggeblieben; die Fahrkurbel des Triebwagens 4 gehört dazu.

Foto: I. Schütte

66 Jahre, 3 Monate und 27 Tage ist die Straßenbahn durch Minden gefahren. Fassen wir die Gründe für das Ende des schienengebundenen öffentlichen Nahverkehrs in Minden zusammen:

1. Die ungünstige Linienführung der Bahn in der Mindener Innenstadt (heute Fußgängerzone) und als Teil der Bundesstraßen führt zu Problemen angesichts des zunehmenden Individualverkehrs.
2. Diese zunehmende Abwanderung der Fahrgäste von der Schiene läßt längerfristig die Erträge der Straßenbahn unter das für Modernisierungsmaßnahmen beim Fahrzeugpark und bei den Strecken erforderliche Maß sinken.
3. Die vorhandenen Linien decken neuentstandene Siedlungsräume nicht ab, was zu gebrochenem Verkehr (Straßenbahn/Bus) führt; es sei denn, man baut neue Straßenbahnlinien.
4. Nur eine Finanz- und Investitionspolitik der öffentlichen Hände, die die schienengebundenen Verkehrsmittel eindeutig fördert, könnte das Weiterbestehen der Straßenbahn auch in mittelgroßen Städten sichern. Gerade in den fünfziger und sechziger Jahren setzt die Wohlstandsgesellschaft jedoch uneingeschränkt auf das Auto und damit auf den hemmungslosen Straßenbau – mit all den Folgen, die erst die Öffentlichkeit der achtziger Jahre langsam zur Kenntnis nimmt.

ANHANG

Fahrzeuglisten
Fahrzeugbestand
Beförderungsleistungen
Personalbestand
Quellen- und Literaturverzeichnis

Straßenbahn Minden im Überblick

1882/1892	Pferdebahnprojekte Markt – Bahnhof
1892-1896	Bau des Kaiser-Wilhelm-Denkmals
8.10.1892	Gründung der »Mindener Straßenbahn-Gesellschaft«
7. 9.1893	Eröffnung der Dampfstraßenbahn Minden – Porta
1914	Verkauf der Straßenbahn an die Stadt Minden
26. 3.1914	Gründung der »Straßenbahn Minden G.m.b.H.« als Tochtergesellschaft des Elektrizitätswerkes Minden-Ravensberg
1920	Elektrifizierung mit 600 Volt Gleichstrom und
8.12.1920	Eröffnung der Linie Markt – Bahnhof
20.11.1925	Eröffnung der Linie Markt – Dützen
15.10.1928	Eröffnung der Linie Markt – Friedhof
15.12.1929	Eröffnung Bahnhof – Notthorn
13.12.1930	Eröffnung Notthorn – Meißen
1945-1948	Sukzessive Behebung der Kriegsschäden
19.12.1953	Einführung eines Obusbetriebes
1.11.1956	Einstellung Bahnhof – Meißen
20. 5.1957	Einstellung Bahnhof – Poos
4. 5.1959	Einstellung Markt – Dützen
29.12.1959	Einstellung Porta – Friedhof

Fahrzeuge der Straßenbahn Minden

Dampflokomotiven (sämtlich Kastenloks)

Name	Bauart	Hersteller	Fabr.-Nr.	Baujahr	Leistung PS	Bemerkungen
MINDEN	Bn2t	Hagans, Erfurt	276	1893	50	1894 gegen stärkere Maschinen bei Hagans umgetauscht
PORTA	Bn2t	Hagans, Erfurt	277	1893	50	
WITTEKIND	Bn2t	Hagans, Erfurt	287	1894	60	
WESTFALEN	Bn2t	Hagans, Erfurt	288	1894	60	
HAUSBERGE	Bn2t	Hagans, Erfurt	289	1894	60	
MINDEN (II)	Bn2t	Hagans, Erfurt	316	1896		
PORTA (II)	Cn2t	Hanomag, Hannover	5324	1908		Länge des Lok-Kastens 4 985 mm

Elektrische Triebwagen (sämtlich zweiachsig: 2x Tw)

Betriebs-Nr.	Hersteller	Baujahr	Länge mm	Achsstand mm	Sitzplätze (Plätze insges.)	Bemerkungen
						Tw 1-7 baugleich
1	Lindner/SSW	1920	11 500	3 000	24 (56)	1959 verschrottet
2	Lindner/SSW	1920	11 500	3 000	24 (56)	1960 verschrottet
3	Lindner/SSW	1920	11 500	3 000	24 (56)	1960 verschrottet
4	Lindner/SSW	1920	11 500	3 000	24 (56)	1959 verschrottet
5	Lindner/SSW	1920	11 500	3 000	24 (56)	1960 verschrottet
6	Lindner/SSW	1920	11 500	3 000	24 (56)	1960 verschrottet
7	Lindner/SSW	1920	11 500	3 000	24 (56)	1960 verschrottet
						Tw 8-11 baugleich
8	Schöndorf/SSW	1927	11 500	3 000	24 (56)	1954 an Herforder Kleinbahn (Nr. 10), 1962 verschrottet
9	Schöndorf/SSW	1927	11 500	3 000	24 (56)	1955 an Herforder Kleinbahn (Nr. 11), 1962 verschrottet
10	Schöndorf/SSW	1927	11 500	3 000	24 (56)	Februar 1960 verschrottet
11	Schöndorf/SSW	1927	11 500	3 000	24 (56)	Anfang 1960 verschrottet

Beiwagen der elektrischen Straßenbahn

Betr.-Nr. (2. Bes.)	Bauart	Hersteller	Fabr.-Nr.	Baujahr	Länge mm	Sitzplätze (Plätze insges.)	Bemerkungen
101	4x Bw	Lindner		1936	12 830	36 (58)	1960 an Herforder Klb. (Nr. 35) 1966 an Inselbahn Sylt (Nr. 35)
102	4x Bw	Lindner		1936	12 830	36 (58)	1960 an Herforder Klb. (Nr. 38) 1966 an Inselbahn Sylt (Nr. 38)
103	4x Bw	Uerdingen	37 961	1933	12 830	36 (58)	1960 an Herforder Klb. (Nr. 36) 1966 an Inselbahn Sylt (Nr. 36)
104	4x Bw	Uerdingen	37 962	1933	12 830	36 (58)	1960 an Herforder Klb. (Nr. 39) 1966 an Inselbahn Sylt (Nr. 39)
105	4x Bw	Uerdingen	37 963	1933	12 830	36 (58)	1960 an Herforder Klb. (Nr. 40) 1966 an Inselbahn Sylt (Nr. 40)
106	4x Bw	Lindner		1936	12 830	36 (58)	1960 an Herforder Klb. (Nr. 37) 1966 an Inselbahn Sylt
101-106 baugleich							101-106 nach Einstellung des Bahnbetriebes auf Sylt 1972 †
111	2x Bw						Ca. 1923 von der Rheinischen Bahn-Gesellschaft in Düsseldorf erworben (Nr. 11). Nach wenigen Jahren zum Salzbeiwagen umgebaut. Nach Betriebseinstellung †
112	2x Bw	Heine & Hollender		1926		24	Ursprüngl. Nr. 12; 1960 verschrottet (†)
113	2x Bw	Heine & Hollender		1926		24	Ursprüngl. Nr. 13; 1960 verschrottet (†)
114	4x Bw	Schöndorf		1927	12 600	28 (70)	Ursprüngl. Nr. 14; nach 1945 zeitweise, ab 1954 endgültig an Herforder Klb. (Nr. 34), 1961 an Inselbahn Sylt (Nr. 102), 1972 †
115	4x Bw	Schöndorf	8 510	1927	12 600	28 (70)	Ursprüngl. Nr. 15; 1945–zunächst leihweise–an Herforder Klb. (Nr. 31), 1961 an Inselbahn Sylt (Nr. 103), 1971 an IHS, 1986 evtl. an MEM

Fahrzeugbestand

	1893	1896	1908	1920	1926	1927	1933	1936	1946	1958
Dampflokomotiven	2	4	5	–	–	–	–	–	–	–
Sommerwagen	3	3	6	–	–	–	–	–	–	–
Winterwagen	4	4	10	10	10	10	?	–	–	–
Elektrische Triebwagen	–	–	–	7	7	11	11	11	11	9
Beiwagen	–	–	–	–	2	4	6	10	8	8
Dienstfahrzeuge	–	–	–	–	1	2	2	2	2	2

Beförderungsleistungen

1904	198 802
1905	197 580
1914/15	841 802
1915/16	561 885
1916/17	635 764
1917/18	775 995
1918/19	957 568
1919/20	808 831
1920/21	913 173
1921/22	1 408 459
1922/23	780 937
1924	746 614
1925	1 254 912
1926	1 507 024
1927	1 510 632
1928	1 800 000 (ca.)
1929	2 000 000 (ca.)
1930	2 000 000 (ca.)
1931	1 300 000 (ca.)
1932	1 300 000 (ca.)
1933	1 300 000 (ca.)
1936	1 382 856
1937	1 527 258
1938	1 658 993
1939	1 973 563
1940	2 854 505
1941	3 611 368
1942	4 948 425
1943	5 994 302
1944	6 361 091
1945	2 392 395
1946	4 797 866
1947	6 159 681
1948	6 700 000 (ca.)
1949	4 232 344
1950	3 746 372
1951	3 357 759
1952	3 417 061
1953	3 559 708
1954	3 775 804
1955	3 597 263
1956	3 667 425
1957	2 317 770
1958	1 962 779
1959	1 723 876

Beschäftigte (Angestellte und Arbeiter)

1908	19
1912	19
1927	42
1928	42
1939	50
1940	49
1941	52
1942	53
1943	55
1944	56
1945	53
1946	56
1947	60
1950	65
1951	64
1952	64
1953	62
1954	62
1955	60
1956	59
1957	51
1958	49
1959	40

Quellen- und Literaturverzeichnis

I. Akten

1. Nordrhein-Westfälisches Staatsarchiv Detmold M 1 I D, Nr. 532, 533, 535-540, 545, 546, 2384
2. Kommunalarchiv Minden Bestand F, Nr. 2457, 2458, 2493, 2494
3. Aktenbestände des Elektrizitätswerkes Minden-Ravensberg, Herford

II. Sonstige Quellen

1. Verwaltungsberichte des Magistrats der Stadt Minden 1882/83, 1883/84, 1884/85, 1893-1897
2. Dienst- und Sicherheitsvorschriften für den Gemeinschaftsbetrieb der Mindener Kreisbahnen und der Straßenbahn Minden G.m.b.H. zwischen den Bahnhöfen Notthorn und Meißen der Strecke Minden - Kleinenbremen, 1930
3. Dienstanweisung für den Fahrdienst der Straßenbahnen (DFStrab) – Straßenbahn Minden G.m.b.H. - Ausgabe 1940, gültig ab 1. Januar 1942
4. Archiv des Mindener Tageblattes/J.C.C. Bruns

III. Benutzte Literatur

1. Autorenkollektiv: Die Straßenbahnen in der DDR, Stuttgart 1978
2. Brandt, Hartmut und Otto Kurbjuweit: Die Bielefelder Kreisbahn & Die Herforder Kleinbahnen, in: DEV-Kurier, Heft 23 (1971), S. 4-33
3. Brandt, Hartmut und Otto Kurbjuweit: Die Mindener Straßenbahn, in: DEV-Kurier, Heft 27 (1972), S. 32-39
4. Eisenbahn-Jahrbuch 1971, (Ost-)Berlin 1971
5. Elektrizitätswerke Minden-Ravensberg (Hrsg.):
   - Festschrift zum 40järigen Bestehen des EMR, Herford 1949
   - Festschrift zum 50jährigen Bestehen des EMR, Herford 1959
6. Ewald, Kurt: Hagans-Lokomotiven, in: Lok-Magazin 39 (1969), S. 458-467
7. Löttgers, Rolf: Die Herforder Kleinbahnen, in: Straßenbahn-Magazin 54 (1984), S. 242-255
8. Pabst, Martin: Taschenbuch Deutsche Straßenbahn-Beiwagen, Stuttgart 1984
9. Schütte, Ingrid und Werner: Die Mindener Kreisbahnen, Lübbecke 1979
10. Schütte, Ingrid und Werner: Das Eilser Minchen - Die Geschichte der Bad Eilsener Kleinbahn, Lübbecke 1982
11. Söhnlein, Walter: Die öffentlichen Verkehrsbetriebe des Deutschen Reiches, Landsberg-Pürgen 1977
12. Stadt Minden (Hrsg.): Minden - Zeugen und Zeugnisse seiner städtebaulichen Entwicklung, Minden 1979
13. Stock, Werner: Straßenbahn Minden durch Omnibusse ersetzt, in: Der Stadtverkehr, Heft 2/1960, S. 32-35
14. Stock, Werner: Der ehemalige Obusbetrieb in Minden, in: Der Stadtverkehr, Heft 11/12-1983, S. 473 f.
15. Waltking, Dieter: Straßenbahnen in Deutschland, Düsseldorf 1969
16. Wider, Robert: Die Fahrgastbewegung bei der Straßenbahn Minden, in: Der Nahverkehr, Heft 10/1951, S. 160-163
17. Wolff, Gerd: Deutsche Klein- und Privatbahnen, Bd. 3: Nordrhein-Westfalen, Gifhorn 1974

Mit Dokumenten, Zeichnungen, Fotos und verwerteten Informationen haben uns freundlicherweise unterstützt:

Thomas Ahlert, Minden
Hermann Aster, Minden
Ingrid Battermann, Minden
Karl-Heinz Bödeker, Porta Westfalica
Hartmut Brandt, Bad Oeynhausen
Klaus Busse, Minden
H. G. Coldewey, Oldenburg
Paul Czauderna, Minden
Paul Detering, Minden
DUEWAG AG, Düsseldorf und Krefeld
Elektrizitätswerk Minden-Ravensberg
Frau Gieseking, Minden
Kurt Herbener, Kaltenkirchen (Holst.)
Martin Heyneck, Minden
Dieter Höltge, Braunschweig
Gustav Kamenk, Bremen
Kommunalarchiv Minden
Herr Krückemeier, Minden
Heinrich Krumme, Minden
Herr Kruse, Porta Westfalica
Helmut Kühme, Porta Westfalica
Dr. Rolf Löttgers, Siegen
K. H. Nagel, Minden
Heinz Rodax, Minden
Dora Schmidt, Minden
Alfred Spühr, Osnabrück
Reimer Tannen, Minden
Frau Tewer, Minden
Reinhardt Todt, Hannover
Hans Vehlber, Bremen
Walter Wehmeyer, Minden
Herr Wegener, Minden
Georg Werner, Minden
Hanna Werner, Minden
Klaus Werner, Petershagen
Helmut Wolf, Minden
Andreas Zühlke, Minden

Darüber hinaus gab es noch zahlreiche Hinweise und Tips aus der Mindener Bevölkerung, für die wir nochmals herzlich danken.